KRÄUTER

LANDHAUSKÜCHE

KRÄUTER

LANDHAUSKÜCHE

Von Rosalind Creasy und Carole Saville

Fotos von Kathryn Kleinman

Aus dem Englischen von Susanne Dickerhof-Kranz

Bearbeitet von Marion Morawek

CARLSEN

Für meine Mutter, die immer voller Enthusiasmus und Liebe ist. – Carole Saville
Für R. J. – Rosalind Creasy

1. Auflage 1995

Die Originalausgabe erschien unter dem Titel
Herbs: A Country Garden Cookbook bei Collins Publishers, San Francisco.

Published by arrangement with Collins Publishers,
a division of HarperCollins Publishers Inc.
Lektorat: Ursula Steffens
Druck und Bindung: Grafiche AZ, Verona
ISBN 3-551-85029-1
Printed in Italy

INHALT

Der Kreütter Blüte labt den Sinn;
der Kreütter Würze bringt Gewinn.

Hormann

Leuchtend blühet Salbei ganz vorn am Eingang
des Gartens,
süß von Geruch, voll wirkender Kräfte und
heilsam zu trinken.
Manche Gebresten der Menschen zu heilen,
erwies sie sich nützlich.

Walahfried von der Reichenau

EIN WORT VORWEG

Kräuter haben als Pflanzen und Gewürze eine reiche Geschichte. Die meisten der bei uns wachsenden Kräuter wurden schon im Altertum kultiviert. Apicius, ein römischer Feinschmecker aus dem ersten Jahrhundert, mixte Petersilie, Rosmarin, Salbei, Minze und Basilikum mit Knoblauch, Olivenöl und Essig zu einem Gewürz, das er scharfe Fischsauce nannte und das unserer Vinaigrette sehr ähnlich gewesen sein muß. Die duftenden Blätter des Basilikums werden bereits seit dem Mittelalter zu einer Sauce zerstampft, die einem Pesto gleicht. Koriandersamen verwendete man im Mittelalter, um das Interesse des Geliebten wieder zu entfachen, und auch im Grab Tutanchamuns fand man Koriandersamen.

In der frühen amerikanischen Küche schon wurde mit Kamille Tee gekocht, und Rosmarin, Thymian und Lorbeer wurden regelmäßig zum Kochen verwendet – ebenso wie als Bestandteil von Insektenabschreckungsmitteln.

Eine Frage, die immer aufs neue gestellt wird, ist folgende: Was sind eigentlich Kräuter? Wir sind beide Gärtnerinnen, die schon seit langem Kräuter aller Art anbauen: einjährige und mehrjährige Pflanzen, Bäume, Knollen und Büsche. Wir haben uns so entschieden: Wenn eine Pflanze vor allem in milden Klimazonen angebaut wird, aromatisch ist und eine medizinische Wirkung hat, dann ist sie für uns ein Kraut. Gewürze hingegen sind eher Produkte tropischer Regionen. Eine andere Unterscheidung will, daß Kräuter nicht verholzte Teile von Pflanzen sind, also Blätter, Stiele und Blüten, während Gewürze aus Samen, Wurzeln, Rinde, Früchten und Knospen sind. Dieser Definition folgend, fallen einige Pflanzen in beide Kategorien: Dill, Kümmel, Fenchel, Senf, Anis und Koriander zum Beispiel.

Am Ende aber sind nicht solche Definitionen entscheidend, sondern die kulinarische Bedeutung, die diese Pflanzen für uns haben. Das Vergnügen, durch einen Kräutergarten zu gehen und beim Pflücken überlegen zu können, welche Kräuter am besten zu dem Gericht, das wir gerade kochen wollen, passen, ist kaum zu übertreffen. Vom zarten Kerbel bis zum robusten Rosmarin – es gibt für jedes Gericht die ideale Würze.

Selbst ohne Garten brauchen Sie auf das Vergnügen, Kräuter zu züchten, nicht zu verzichten. Ein paar Töpfe auf der Fensterbank, eine Reihe von Kästen auf dem Balkon oder ein Eckchen im gemeinsamen Vorgarten eines Hauses finden sich für jeden, der guten Willens ist. Und wer durchaus keinen Platz hat, kauft im Sommer frische Kräuter auf dem Wochen- oder Erzeugermarkt.

Kochen mit Kräutern, das ist Kochen mit Fingerspitzengefühl. Kräuter sollen den Eigengeschmack der Gerichte verstärken, nicht überlagern. Jede Köchin und jeder Koch entwickelt auf die Dauer seine eigene Handschrift.

Die Rezepte in diesem Buch sind deshalb auch weniger als Vorschriften denn als Vorschläge gedacht. Wer mit Kräutern kocht, sollte immer offen für Experimente sein, mal das eine, dann das andere Kraut wählen oder weglassen. Und die wohlduftenden Gerichte, die Sie zubereiten, werden Sie Ihren Kräutergarten immer mehr lieben lehren.

WISSENSWERTES ÜBER KRÄUTER

Jahreszeiten: Es gibt mittlerweile während des ganzen Jahres frische Kräuter. Die im Winter erhältlichen Gewächshauspflänzchen haben allerdings nur einen Hauch des Aromas, das eine robuste Freilandpflanze im Sommer entfaltet. Sie sollten also nach Möglichkeit die Kräuter in ihrer natürlichen Saison verwenden. Im Frühjahr sind das vor allem Kerbel, Petersilie und Koriandergrün, während Basilikum und Bohnenkraut am besten im Sommer geerntet werden. Mehrjährige Pflanzen wie Estragon, Schnittlauch, Thymian, Oregano, Minze und Rosmarin können je nach Standort und Klima das ganze Jahr über geerntet werden.

Ernten: Es ist wichtig, die Pflanzen, die man pflücken möchte, eindeutig zu identifizieren. Schon mancher hat aus Versehen nicht eßbare Pflanzen gepflückt. Im Abschnitt über den Anbau von Kräutern haben wir deshalb die lateinischen Namen angegeben. Falls Sie Fragen zu einzelnen Pflanzen haben, sollten Sie sich in einer Gärtnerei erkundigen.
Wenn Sie nur wenige Blättchen eines Krautes brauchen, knipsen Sie einfach eine Spitze von der Pflanze ab. Sie wächst dadurch buschiger. Große, robuste Pflanzen vertragen auch einen kräftigen Rückschnitt, zarten, jungen Pflanzen sollte man nur wenige Blättchen auf einmal rauben. Kräuter immer so spät wie möglich schneiden und nur kurz waschen und trockenschleudern. Wenn Sie Kräuter kaufen, sollten Sie nur solche wählen, die frisch und fest aussehen. Gelbliche, welke Pflanzen haben meist schon einen Großteil ihres Aromas verloren. Sind im Sommer die Kräuterbüschel zu groß? Mit den nicht zum Kochen benötigten Kräutern läßt sich wunderbarer Kräuter-Essig ansetzen.

Lagern: Die Kräuter sollten je nach Art der Pflanze unterschiedlich gelagert werden. Basilikum zum Beispiel verträgt keine Kälte und gehört deshalb nicht in den Kühlschrank. Lieber in einem Glas Wasser ans sonnige Fenster stellen. Kräuter wie Dill oder Koriandergrün stehen dagegen am besten in Wasser im Kühlschrank. Robustere Kräuter wie Schnittlauch, Minze, Oregano, Petersilie, Thymian oder Rosmarin halten am besten, wenn man sie in feuchtes Küchenpapier wickelt und in einem Kunststoffbeutel lagert.
Einige Kräuter, zum Beispiel Basilikum, Estragon, Minze, Dill, Fenchel, Kerbel und Schnittlauch, lassen sich auch einfrieren. Dazu werden die Blätter abgezupft, gewaschen und trockengeschleudert. Dann in Gefrierbeuteln lagern. Man kann gefrorene Kräuter portionsweise entnehmen, gefroren hacken und dann weiterverwenden.

Trocknen: Es gibt Zeiten, zu denen man nicht einfach in den Garten gehen und frische Kräuter pflücken kann – im Winter zum Beispiel oder wenn Ihre Gäste schon fast vor der Tür stehen. Deshalb sollte man immer einen kleinen Vorrat getrockneter Kräuter im Haus haben. Oregano, Salbei, Bohnenkraut, Kamille, Thymian und Lavendel trocknen gut, während Basilikum, Petersilie, Schnittlauch, Kerbel und Koriandergrün ungeeignet sind. Auch Rosmarin ist gut zu trocknen, muß aber wegen der hohen Konzentration ätherischer Öle sehr sparsam verwendet werden.
Will man die klassischen Kräutermischungen auch im Winter zur Hand haben, muß man auch einige der ungeeigneteren Kräuter mittrocknen. Das gilt vor allem für die *Fines-herbes-Mischung*, zu der Kerbel, Petersilie, Schnittlauch und Estragon zu gleichen Teilen gehören. Problemlos ist die rustikale *Herbes-de-Provence-Mischung* aus Thymian, Bohnenkraut, Oregano, Rosmarin, Lorbeer und Lavendel. Selbst das klassische *Bouquet garni* – Lorbeer, Thymian und Petersilie – läßt sich aus getrockneten Kräutern zubereiten. Sie ziehen, in ein kleines Tuch gebunden, in der Suppe mit. Wer einen Garten hat, sollte Kräuter kurz vor der Blüte pflücken. Dann ist ihr Aroma am intensivsten.

So trocknet man Kräuter: Die Methode, Kräuter bundweise an der Decke hängend zu trocknen, ist eher ungeeignet, denn die Kräuter stauben auf diese Weise schnell ein und verlieren ihr Aroma.
Alle Kräuter vor dem Trocken kurz waschen und trockentupfen.
In der Mikrowelle trocknet man sie, indem man sie zwischen zwei Lagen Küchenpapier legt. Dann jeweils in Intervallen von einer Minute bei voller Leistung trocknen, bis die Kräuter trocken sind. Bei den meisten Sorten dauert dies etwa 3 – 4 Minuten. Blätter von den Stielen streifen und die Kräuter in kleinen Gläsern lagern.
An der Luft trocknet man Kräuter, indem man sie bündelt, in Papiertüten steckt und zusammenbindet. Dann locker in einem trockenen Raum aufhängen und einige Tage trocknen. Dann wie oben beschrieben einlagern.
Man kann Kräuter – in kleinen Mengen – auch im Kühlschrank trocknen. Kräuter hacken, auf einem Teller ausbreiten und offen einige Tage im Kühlschrank stehen lassen. Getrocknete Kräuter in Gläser füllen.

Kochen: Die Möglichkeiten, mit Kräutern zu kochen, sind kaum zu erschöpfen. Einige Grundregeln sollten jedoch verfolgt werden.
In den meisten Fällen nicht mehr als zwei intensive Kräuter verwenden, zartere können dann zusätzlich zugefügt werden. Klassische Kombinationen sind Oregano und Thymian, Dill, Schnittlauch und Petersilie, Basilikum, Lorbeer und Thymian, Koriandergrün und Schnittlauch, Estragon und Petersilie oder Petersilie und Minze. Wenn Sie probieren möchten, ob eine Kombination stimmig ist, hacken

Sie ein paar der Kräuter, mischen Sie sie unter Frischkäse und probieren Sie sie auf einem kleinen Stück Brot.
Wenn Sie getrocknete Kräuter nehmen, rechnen Sie etwa ein Drittel der Menge von frischen Kräutern. Sehr intensive Kräuter wie Rosmarin und Salbei hingegen noch sparsamer verwenden. Soll ein Gericht einmal sehr intensiv nach einem einzigen Kraut schmecken, kann auch eine größere Menge verwendet werden.
Intensive, getrocknete Kräuter gibt man zu Beginn des Garens zum Gericht, zarte, frische Kräuter erst in letzter Minute. Wenn Sie nur das Aroma eines Krautes haben möchten, aber nicht die Blätter, wikkeln Sie die Kräuter in ein Tuch und lassen sie mitziehen. Vor dem Mitkochen feuchten Sie das Tuch kurz mit Wasser an, dann entfaltet sich das Aroma am besten.
Blätter streift man am besten von den Stielen, indem man die Stiele hochhält und die Blätter mit den Fingern entgegen der Wuchsrichtung abstreift.
Damit Körner wie Dillsamen oder Koriander in einer Vinaigrette ihr Aroma abgeben, einige Minuten in dem Essig marinieren, bevor man die Sauce fertigstellt. Das Aroma getrockneter Kräuter weckt man am besten, indem man sie in einer trockenen Pfanne leicht erhitzt.
Trockene, feste Kräuterzweige aufbewahren und beim Grillen auf die Holzkohle legen. Marinade pinselt man am besten auf Grillfleisch, indem man einen Kräuterzweig hineintaucht und als Pinsel verwendet.
Man kann auch beim Kochen von Gemüse eine Handvoll frischer Kräuter mitgaren, anschließend gehackte Kräuter derselben Art zum Würzen verwenden.
Kräutersalz kann man mit getrockneten Kräutern herstellen, die man mit dem Salz zusammen im Mixer zerkleinert. Zucker würzt man, indem man einen Zweig Lavendel oder Minze mit in die Zukkerdose legt.

Basilikum: Basilikum hat leuchtend grüne Blätter, die an bis zu 30 cm langen Stielen sitzen. Es hat ein würziges, leicht nelkenartiges Aroma und einen unverkennbaren Duft. Man verwendet die Blätter im Ganzen oder gehackt. Am besten verwendet man es frisch, notfalls gefroren. Basilikum paßt gut zu Rind, Eiern, Käse, Fisch, Zwiebeln, Auberginen, Bohnen, Zucchini, Pilzen und Tomaten. Es gibt etliche Basilikum-Varianten, dunkelblättrige und geflammte, Thai-Basilikum und solche mit Zimt- oder Zitronenaroma.

Bohnenkraut: Die kleinen Blätter des Bohnenkrautes haben einen harzigen Geschmack, die Sommervarianten sind dabei etwas milder als das Winter-Bohnenkraut. Blätter von den Stielen streifen und hacken. Bohnenkraut paßt besonders gut zu Bohnen, aber auch zu Eintöpfen, Lamm und Kaninchen.

Dill: Die farnähnlichen Blätter des Dills sitzen an bläulich-grünen Stielen, die ausgewachsenen Blüten sind groß und flach und bilden die aromatischen Dillsamen aus. Dillsamen werden zur Zubereitung von Essig und Marinaden verwendet. Dillblättchen schmecken besser, je jünger und feiner das Kraut ist, darum regelmäßig zurückschneiden. Der unverkennbare, säuerliche Geschmack von Dill paßt vor allem zu Fisch, Möhren, Roter Beete, Gurken, Spinat und Sauerkonserven. In der skandinavischen Küche gilt er als Grundgewürz.

Estragon: Die schlanken Zweige mit den langen, dünnen Blättern werden etwa einen halben Meter hoch. Estragon hat ein unverkennbares Aroma, in dem Anis vorherrscht. Besonders gut paßt Estragon zu Essig, Eiern, Geflügel, Fisch, Kartoffeln, Blumenkohl und Pilzen.

Kamille: Bei uns wächst vor allem die deutsche Kamille, die jedes Jahr neu gesät werden muß. Die bis zu 80 cm hohen Pflanzen haben fadenartige Blätter und an Gänseblümchen erinnernde Blüten. Diese haben einen leichten Apfelduft, und man verwendet sie vor allem zur Zubereitung von Tee.

Kerbel: Ein zartes Kraut mit spitzenfeinen Blättern, das ein wenig an Petersilie erinnert, aber ein feineres, anisartiges Aroma hat. Die Blüten sind weiß und schirmförmig. Kerbel paßt vor allem zu Eiern, hellen Sahnesaucen, Vinaigrettes, cremigen Suppen, vor allem Kartoffel- und Spargelsuppe, und in die helle französiche *Beurre blanc.*

Koriander: Die Blätter, die wie kleine Farnwedel aussehen, wachsen an bis zu einem Meter hohen Pflanzen. Die feinen, weißen Blüten schmükken jeden Salat. Auch die Samen sind eßbar – es sind die würzigen Korianderkörner. Den schweren, intensiven Geschmack des Koriandergrüns hat man entweder sehr gern oder mag ihn gar nicht. Da es sich schlecht trocknen läßt, wird es zumeist frisch verwendet, vor allem in Gerichten der asiatischen und mexikanischen Küche. Am besten harmoniert Koriandergrün mit Tomaten, Zwiebeln, Kartoffeln, Currygerichten, Fisch und Krustentieren.

Lavendel: Es gibt englischen und französischen Lavendel, wobei der englische robuster ist. Der winterharte englische Lavendel wird bis zu einem Meter hoch und hat grau-grüne bis silbrige Blätter. Französischer Lavendel erreicht etwa dieselbe Höhe und hat fransige grüne bis graugrüne Blätter. Bevor man Lavendel zum Kochen verwendet, sollte man eine Duftprobe machen: Es gibt Lavendel, der unangenehm medizinisch riecht und zum Kochen nicht geeignet ist. Blütenblätter von den Stielen streifen, grob hacken und für Obstgerichte, Eiscreme und

Basilikum
Kamille
Kerbel
Lorbeer
Zitronenmelisse
Minze
Salbei
Majoran
Bohnenkraut

Schnittlauch
Koriander
Dill
Französischer Lavendel
Krause Petersilie
Glatte Petersilie
Oregano
Estragon
Thymian
Rosmarin

Gerichte verwenden, die ein Zitronen- oder Orangenaroma heben. Die getrockneten Blüten sind Bestandteil der *Herbes de provence.*

Lorbeer: Lorbeer hält man am besten kurz, obwohl er auch zu ganzen Bäumen heranwachsen kann. Die Blätter haben ein harziges Aroma und einen leichten Nelkenduft. Man gibt sie, frisch oder getrocknet, immer am Anfang zum Gericht und entfernt sie vor dem Servieren. Man verwendet Lorbeer vor allem in Suppen und Eintöpfen, zu Geflügel und Schweinefleisch.

Majoran: Majoran ist als Pflanze eng verwandt mit Oregano, aber Duft und Geschmack sind süßer als das kräftige Aroma von Oregano. Majoran ist eine buschige, kleine Pflanze mit samtigen, grau-grünen Blättern und hellen Blüten. Vor der Blüte bildet sie lauter kleine Knötchen aus. Majoran paß gut zu Omeletts, feinen Suppen, Salatsaucen, Möhren, Kürbis sowie Kalb und Geflügel.

Minze: Es gibt verschiedene Arten von Minze. Alle haben einen pfeffrig-fruchtigen Geschmack, der aber je nach Sorte sehr variieren kann. Man verwendet die Blätter für heißen und kalten Tee, für Fisch, Lamm und Hähnchen, für Obstsalate und grünen Salat, für Möhrengerichte, Kartoffeln oder Salatgurken. Besonders gelungen: die Kombination von Minze und Schokolade.

Oregano: Es gibt eine allgemeine Verwirrung darüber, welches der echte Oregano ist. Besonders aromatisch ist der griechische Oregano, der hoch und buschig wächst und weiße Blüten hat. Der Geschmack von Oregano ist harzig und holzig und gehört unabdingbar zur Mittelmeerküche vor allem Italiens, Griechenlands und der Türkei. Man streift die Blätter von den Stielen und verwendet sie ganz oder gehackt. Getrockneter Oregano ist intensiver als frischer.

Petersilie: Die krause Petersilie wächst etwa 20 cm hoch und hat eine leuchtende Farbe, die glatte Petersilie wird etwas höher, hat dunkelgrüne, an Sellerie erinnernde Blätter und ein kräftigeres Aroma. Beide verwendet man am besten frisch, um ihr erfrischendes, grasiges Aroma zu erhalten. Petersilie paßt zu allen frischen einjährigen Kräutern. Vor allem in der italienischen Küche wird überwiegend glatte Petersilie verwendet und mit Thymian, Rosmarin oder auch Oregano gemischt. Man findet die glatte Petersilie auch in der arabischen Küche.

Rosmarin: Die Nadeln des mehrjährigen Strauches haben ein harziges Aroma. Die eßbaren Blüten sind meistens blau, manchmal rosa oder weiß. Die Pflanzen können bis zu einen Meter hoch werden. Zum Verwenden streift man die Nadeln von den Zweigen und hackt sie grob. Rosmarin paßt zu italienischen und rustikalen französischen Gerichten, auch zu Pizza und Brotteig, Pilzen, Kartoffeln, Auberginen, Lamm und Kaninchen.

Salbei: Salbei ist ein robuster kleiner Busch, dessen graugrüne Blätter man am besten frisch verwendet. Es gibt auch einige Salbei-Arten, deren Blätter auffallend gelb oder violett sind, aber nur wenig Aroma haben. Diese sollte man dann für besondere Effekte verwenden, zum Würzen aber den gewöhnlichen Salbei. Salbeiblüten sind eßbar. Salbei paßt zu Schweinefleisch, Geflügel, Wild, Kartoffeln, Bohnen, Zwiebeln und Käse.

Schnittlauch: Schnittlauch hat lange, grasartige Stengel und runde, bläuliche Blüten, die eßbar sind. Man schneidet Schnittlauch am besten mit der Schere in Röllchen. Der Zwiebelgeschmack von Schnittlauch harmoniert gut mit Kartoffeln, Möhren, Gurken, Eigerichten, Nudeln, grünem Salat, Kartoffelsalat und Fisch. Im Frühjahr können Sie als eine interessante Variante die grünen Keime des Knoblauchs abschneiden und als pikant-würzigen Schnittlauch-Ersatz verwenden.

Thymian und Zitronenthymian: Es gibt Hunderte von Varianten dieses aromatischen Krautes, das aus der Mittelmeerküche nicht wegzudenken ist. Die buschige, winterharte Pflanze hat kleine, grau-grüne bis dunkelgrüne Blätter und wird bis zu einem halben Meter hoch und breit. Zitronenthymian hat zu dem charakteristischen Harzton ein deutliches Zitronenaroma. Man verwendet nur die abgestreiften Blätter, nicht die holzigen Stiele. Thymian gehört in *Bouquet garni* und in *Herbes de provence* und paßt zu Eiern, Schweinefleisch, Geflügel, Fisch, Kalbfleisch, Tomaten und Pilzen.

Zitronenmelisse: Die gezackten, grünen Blätter haben ein deutliches Zitronenaroma. Die Pflanze wird bis zu einem halben Meter hoch. Die Blätter verwendet man am besten frisch für heiße und kalte Tees, hausgemachten Likör, Punsch, Konfitüren, Obstsalate und junges Gemüse.

Kräuter selber ziehen: Beinahe alle Kräuter lassen sich problemlos ziehen. Die meisten Kräuter brauchen einen sonnigen Standort und nicht zu feuchten Boden. Außer regelmäßigem, aber mäßigem Gießen erwarten sie wenig Pflege. Im Frühjahr sollte man sie ausdünnen und trockene Zweige entfernen. Schädlingsbefall ist selten, denn die aromatischen Öle der Kräuter verschrecken sie auf natürliche Weise. Am besten kauft man Jungpflanzen in einer Gärtnerei oder läßt sich von Freunden Ableger geben. Es gibt auch Versandgärtnereien, die sich auf den Versand von Jungpflanzen spezialisiert haben und über eine besonders breite Angebotspalette verfügen. Einjährige Pflanzen kann man auch aus Samen ziehen. Wer mehrjährige Pflanzen aus Samen ziehen möchte, sollte ein

Fachbuch konsultieren, denn dies ist schon etwas schwieriger.

Wo zieht man Kräuter? Man kann Kräuter in einem speziellen Kräuterbeet ziehen, im Gemüsebeet, zwischen Blumen, als Einfassung von Blumenbeeten oder in Töpfen. Mit Ausnahme von Minze, Kerbel und Petersilie schätzen Kräuter einen Standort, an dem sie mehrere Stunden Mittagssonne haben können. Schnittlauch, Petersilie, Oregano, Thymian und Minze kann man auch auf der Fensterbank ziehen. Sie brauchen dann allerdings einen sehr hellen Standort und genügend Wasser und Dünger. Wenn es möglich ist, stellen Sie auch diese Pflanzen immer mal ins Freie. Bevor Sie sie wieder ins Haus holen, einmal gut abduschen, um Schädlinge zu beseitigen. Im Garten sollte man regelmäßig Unkraut zupfen, denn Unkrautvernichtungsmittel sollten nicht in die Nähe von eßbaren Kräutern gelangen!

Kräuter pflanzen: Ein Pflanzloch vorbereiten, das etwas doppelt so groß ist wie der Ballen. Etwas Dünger auf den Boden des Loches geben und untermischen. Pflanze daraufsetzen, mit Erde umgeben und gut festklopfen. Gut gießen und die ersten Monate feucht halten. Später genügt in feuchten Klimazonen gewöhnlich der Regen, der vom Himmel fällt. Nur Petersilie und Minze brauchen immer genügend Feuchtigkeit und sollten unter Umständen zusätzlich gegossen werden.

Mehrjährige Pflanzen sollten im Frühjahr zurückgeschnitten werden, damit sie buschig bleiben. Bei regnerischem Klima sollte man gelegentlich die Erde prüfen und zusätzlich gießen, falls sie zwischen Regenfällen trocken wird. Bei sandigem Boden werden mehrjährige Kräuter am besten im Frühling einmal kräftig gedüngt, einjährige Kräuter einmal im Monat.

Kräuter ernten: Zum Trocknen schneidet man alle Kräuter kurz vor der Blüte, weil sie dann das intensivste Aroma haben. Nur Minze macht eine Ausnahme: Diese sollte man in voller Blüte ernten. Man erntet am besten an einem warmen Morgen, wenn der Nachttau getrocknet ist, die Sonne aber noch nicht zu sehr brennt. Die meisten Kräuter kann man mehrmals pro Saison schneiden. Falls sie zu üppig wachsen, können sie um bis zu einem Drittel während der Saison zurückgeschnitten werden. In kalten Gegenden sollte man aber nur bis etwa einen Monat vor dem Frost schneiden, um der Pflanze nicht zu viel Kraft zu nehmen. Einjährige Pflanzen zieht man zum Ende der Saison einfach aus der Erde oder schneidet sie in Bodenhöhe ab.

Basilikum (Ocimum basilicum): Eine einjährige Pflanze, die in feuchten Küstenregionen nicht gut gedeiht und nicht frostresistent ist, aber trockene Hitze schätzt. Basilikum kann man aus Samen ziehen oder als Jungpflanzen kaufen und an einer sonnigen Stelle aussetzen. In der Keimperiode und während des Wachstums muß der Boden feucht gehalten werden. Lästige Schädlige: Schnecken. Damit das Basilikum schön buschig wird, immer wieder Blätter von der Spitze abknipsen. Für einen Sommer genügen in der Regel drei Pflanzen, wenn Sie häufiger Pesto machen möchten, benötigen Sie sechs Pflanzen.

Bohnenkraut (Satureja hortensis): Problemlos anzubauen. Man sät es in Töpfen aus und pflanzt es aus, wenn es warm wird. Bequemer ist es natürlich, Jungpflanzen zu kaufen. Mit den schimmernden Blättern sieht es besonders hübsch als Beetumrandung aus. Während der Keimperiode muß der Boden feucht gehalten werden, später verträgt Bohnenkraut auch Trockenheit. Im Herbst schneidet man die verbleibenden Zweige vom Beet und trocknet sie im Ganzen.

Dill (Anethum graveolens): Eine zarte und empfindliche einjährige Pflanze, die in heißem oder trockenem Klima schnell welkt und deshalb im Frühjahr und Herbst gepflanzt wird. In unseren Breiten sät man am besten regelmäßig nach. Man zieht sie aus Samen und schneidet die Zweige ab, wenn die Pflanzen etwa 15 cm hoch sind. Läßt man sie auswachsen, entstehen die aromatischen Dillsamen.

Estragon (Artemisia dracunculus var. sativa): Wird am einfachsten aus Jungpflanzen, einem Wurzelstück oder einem Steckling gezogen, denn der aromatische französische Estragon ist so empfindlich, daß er in unseren Breiten kaum je zum Blühen kommt. (Es gibt eine sehr viel robustere russische Variante, die aber sehr viel weniger aromatisch ist.) Estragon wächst in nicht zu feuchten Böden in der vollen Sonne. In kalten Regionen sollte man ihm im Winter eine Mulch-Schicht gönnen. Bei milden Wintern wird er als einjährige Pflanze jedes Jahr neu gepflanzt.

Kamille (Matricaria recutita): Das einjährige Gewächs schätzt Sonne und Wärme und nicht zu feuchte Böden. Kamille zieht man problemlos aus Samen, sie sät sich aber auch zusätzlich selbst aus.

Kerbel (Anthriscus cerefolium): Eine einjährige Pflanze, die man problemlos aus Samen oder Jungpflanzen ziehen kann und die auch im Topf gut gedeiht. Ihr Aroma ist am intensivsten im Frühjahr, vor der Blüte. Um länger etwas vom feinen Aroma der Pflanze zu haben, bricht man entstehende Blüten regelmäßig weg. Kerbel liebt leichten Schatten und reichen, feuchten Boden.

Koriander (Coriandrum sativum): Man zieht ihn problemlos aus Samen, er ist aber sehr kurzlebig und muß regelmäßig nachgesät werden. Die Samen sollten bei voller Sonne auf einer gut vorbereiteten Fläche großzügig verteilt und nur leicht mit Erde bedeckt werden. Der Boden sollte feucht gehalten werden. Die Blätter schneidet man regelmäßig. Läßt man die Pflanze auswachsen, entstehen Samen – die Korianderkapseln.

Lavendel (Lavandula angustifolia und Lavandula dentata): Englischer und französischer Lavendel. Obwohl beide Arten mehrjährig sind, werden englischer und französischer Lavendel in kühlem Klima unterschiedlich gepflegt. Während der englische winterhart ist, sollte der französische im Winter drinnen stehen. Es ist mühsam, Lavendel aus Samen zu ziehen, deshalb sollte man sich Jungpflanzen kaufen. Für den Garten wählt man beim Gärtner flachwachsende, buschige Sorten mit nicht zu hohen Blütenstielen.

Lorbeer (Laurus nobilis): Eine langsam wachsende, mehrjährige Pflanze, die man am besten aus Stecklingen zieht oder als kleinen Busch kauft. Milde Winter übersteht der Lorbeer im Freien, bei sehr hartem Frost sollte man ihn hereinnehmen (deshalb ist es praktisch, Lorbeer in einem großen Topf zu ziehen). Lorbeer steht gern im Halbschatten, vor allem vor der Nachmittagssonne sollte man ihn schützen. Regelmäßige Düngergaben verbessern das Wachstum.

Majoran (Origanum majorana): Eine flachwachsende, mehrjährige Pflanze. In kälteren Gebieten wird sie häufig jährlich neu gesät. Sie hat weiche, graugrüne Blättchen und bevorzugt einen sonnenreichen Standort und trockenen Boden. In sonnigem Klima sind die Blätter deutlich grüner und die Pflanze wird als mehrjährige behandelt. Damit sie in flachen Büscheln wächst, regelmäßig die Spitzen kappen.

Minze (Menta Piperita): Ein relativ robustes, mehrjähriges Kraut, das am besten im Halbschatten und feuchter, gut gesättigter Erde gedeiht. Es gibt mittlerweile außer der bekannten Pfefferminze jede Menge andere Arten, wie Krauseminze, Apfelminze, Zitronenminze. Gärtnereien haben ein üppiges Angebot. Minze kauft man am besten als kleine Pflanze oder teilt einen größeren Busch. Da die Minze lange unterirdische Triebe bildet und sich so unkontrolliert über den ganzen Garen verteilen kann, pflanzt man sie am besten in einem genügend großen Pflanzgefäß in die Erde. Sollte regelmäßig zurückgeschnitten werden.

Oregano (Origanum vulgare): Eine robuste, winterharte Pflanze, die aus Samen, Trieben oder Jungpflanzen gezogen wird. Volle Sonne und gut gewässerte Erde sind für ein üppiges Wachstum unentbehrlich. Braucht Platz.

Krause und glatte Petersilie (Petroselinum var. crispum und Petroselinum crispum var. neapolitanum): Die Pflanzen sind zweijährig, man kann sie aus Samen ziehen oder, wenn man es eilig hat, aus jungen Pflanzen. Sie liebt volle Sonne oder Halbschatten und einen reichen, feuchten Boden ohne Staunässe. Wer Petersilie aussät, braucht Geduld, denn sie keimt sehr langsam. In heißem Klima gedeiht sie am besten im Frühjahr und Herbst. Wenn die Blätter gelblich werden, gießen und gut düngen. Im zweiten Jahr verlieren die Blätter viel von ihrem Aroma, deshalb wird Petersilie meist als einjährige Pflanze angebaut.

Rosmarin (Rosmarinus officinalis): Diesen mehrjährig Strauch zieht man gewöhnlich aus einer Jungpflanze. Er liebt volle Sonne und trockenen, nicht zu reichen Boden. Da Rosmarin starken Frost nicht verträgt, sollte man ihn in Töpfen ziehen, damit man ihn notfalls an einen frostfreien Platz verbringen kann. Eine Pflanze reicht gewöhnlich für einen Haushalt.

Salbei (Salvia officinalis): Eine robuste, mehrjährige Pflanze, die man problemlos aus einer Jungpflanze ziehen kann. Salbei liebt volle Sonne und trockene Böden. Bei starkem Wind zweimal im Monat gießen. Salbei ist nicht anfällig für Krankheiten, verträgt aber kein stehendes Wasser um die Wurzeln. Eine Pflanze genügt in der Regel für den Bedarf einer Familie.

Schnittlauch (Allium schoenoprasum): Robuste, mehrjährige Pflanze, die am besten in voller Sonne gedeiht. Am besten kauft man einen Topf Schnittlauch und pflanzt ihn in mittelschwerem, nicht zu feuchten Boden aus. Damit sie nicht zu sehr auswachsen, regelmäßig kappen. Stengel möglichst weit unten abschneiden. Alle drei Jahre die Pflanzen teilen.

Thymian (Thymus vulgaris) und Zitronenthymian (Thymus citriodorus): Den robusten und winterharten Thymian kauft man am besten als Jungpflanze. Er wächst am liebsten in voller Sonne und mäßig feuchtem Boden. Bei heißem, trockenem Wetter sollte er mehrmals monatlich gegossen werden. Stecklinge aus verholzten Zweigen schneidet man im Frühling, und im Sommer sollte man die Pflanzen um etwa ein Drittel zurückschneiden, damit sie nicht unkontrolliert wuchern. Gewöhnlich wird Thymian nicht von Krankheiten befallen, aber bei feuchtem Boden können die Wurzeln verfaulen.

Zitronenmelisse (Melissa officinalis): Ein robustes, mehrjähriges Kraut, das problemlos und auch unter ungünstigsten Bedingungen wächst. Nur pralle Sonne sollte man vermeiden. Man zieht sie aus Samen, Jungpflanzen oder einen Wurzelstück, das man im Herbst von einer kräftigen Pflanze abtrennt. Man sollte die Zweige regelmäßig zurückschneiden, damit die Pflanze buschig bleibt. Im Winter verliert sie alle Blätter, die aber im Frühjahr neu wachsen.

VORSPEISEN

Eine Vorspeise soll den Appetit anregen, aber nicht sättigen. Ob feine Suppe oder erfrischender Salat – fast immer werden Kräuter verwendet, denn die ätherischen Öle der Kräuter regen die Geschmacksnerven an und aktivieren die Magensäfte.
Im Mittelalter wurden alle Salate mit Kräutern zubereitet, und Rezepte wie unser ganz und gar zeitgenössischer Mesclun mit Blüten nehmen auf elegante Art die klassische Tradition wieder auf. Die traditionelle Kombination von Bohnenkraut und Bohnen, die wir vor allem aus Eintöpfen kennen, findet sich hier in einer raffinierten Salat-Variation wieder.
Auch Frischkäse kann zu leichten und ausgefallenen Vorspeisen verarbeitet werden. Die Ziegenkäsecreme mit frischen Kräutern und knackigen Gemüsestreifen wird ebenso wie die Palette von Kräuter-Blüten-Canapés nicht nur das Auge, sondern auch den Gaumen erfreuen.

Möhrensuppe mit Zwiebel-Dill-Sahne

Der herbe Geschmack der Zwiebel-Dill-Sahne bildet einen raffinierten Kontrast zu der mild-süßen Möhrensuppe.

1/8 l Schlagsahne
1/8 l Milch
2 Zweige Dill
2 Zweige glatte Petersilie
750 g Möhren, grob geraspelt
500 g Zwiebeln, fein gewürfelt
2 EL Pflanzenöl
1 Knoblauchzehe, durchgepreßt
gut 1/2 l Hühnerbrühe
Salz und frisch gemahlener schwarzer Pfeffer
Dill oder glatte Petersilie zum Garnieren

Schlagsahne und Milch mischen und 2/3 der Flüssigkeit in einem kleinen Topf erhitzen, bis sich am Rand Bläschen bilden. Dill- und Petersilienzweige hineingeben und sofort vom Herd nehmen. Beiseite stellen und 30 Minuten ziehen lassen.
Die Möhren in wenig Wasser in einem geschlossenen Topf 15 Minuten garen. Beiseite stellen.
Die Zwiebeln in dem Öl in einer Pfanne bei mittlerer Hitze etwa 10 Minuten glasig andünsten. Den Knoblauch dazugeben und eine weitere Minute dünsten. Die Mischung im Mixer glatt pürieren. 1/2 Tasse von dem Püree entnehmen und beiseite stellen.
Die gedünsteten Möhren zu den restlichen Zwiebeln in den Mixer geben und glatt pürieren. Die Mischung in einen mittelgroßen Topf gießen. Mit 1/2 l Hühnerbrühe auffüllen und bei mittlerer Hitze eine Minute leise kochen. (Bis hierhin kann die Suppe vorbereitet und zugedeckt 1 Tag im Kühlschrank aufbewahrt werden.) Das restliche 1/3 der Milch-Sahne-Mischung hineinrühren und so weit erhitzen, daß die Suppe serviert werden kann. Mit Salz und Pfeffer abschmecken. Wenn die Suppe zu sämig ist, noch etwas Hühnerbrühe dazugeben. Warm halten, aber nicht aufkochen lassen, sonst gerinnt die Suppe.
Die vorbereitete Dill-Petersilie-Sahne durch ein Sieb in einen kleinen Topf streichen, die Kräuterzweige entfernen. Bei geringer Hitze die beiseite gestellte 1/2 Tasse Zwiebelpüree unterrühren. Erhitzen, aber nicht kochen, sonst gerinnt die Masse.
Verteilen Sie die Suppe auf 4 Suppenteller. Geben Sie jeweils einen Klecks der Zwiebel-Dill-Sahne auf jede Portion. Mit einem Zweig Dill oder Petersilie garnieren und sofort servieren.

Für 4 Personen

Hühnersuppe mit chinesischen Klößchen und Knoblauchgrün

Wenn es kein Knoblauchgrün gibt, können Sie auch gewöhnlichen Schnittlauch nehmen.

Für die Klößchen:
175 g gemischtes Hack
3/4 Tasse fein geschnittener Wirsing
1/2 Tasse fein geraspelte Möhre
1/2 Tasse fein gehacktes, frisches Knoblauchgrün
2 EL fein geriebener, geschälter frischer Ingwer
1 TL fein gehacktes Koriandergrün
1/2 TL frisch gemahlener schwarzer Pfeffer
1 TL Tabasco (wahlweise)
1 Ei, leicht verschlagen
1 Packung Teigblätter (Wan Tan)

Für die Suppe:
1 großer Kopf Pak Choi (chinesischer Senfkohl, in asiatischen Fachgeschäften erhältlich; ersatzweise 250 g frischen Spinat)
2 l Gemüse- oder Hühnerbrühe
2 EL fein geriebener, geschälter frischer Ingwer
10 bis 12 Champignons, blättrig geschnitten
2 EL fein gehacktes Knoblauchgrün
Koriandergrün zum Garnieren

Für die Klöße das Fleisch in einem kleinen Topf bei mittlerer Hitze 5 Minuten anbraten bzw. bis es leicht gebräunt ist. In eine mittelgroße Schüssel geben und abkühlen lassen. Kohl, Möhren, Knoblauchgrün, Ingwer, Koriander, schwarzen Pfeffer und Tabasco (wahlweise) dazugeben und gut vermischen. Ei dazugeben und untermischen.

Legen Sie jeweils 2 bis 3 Teigblätter auf eine saubere Arbeitsfläche und feuchten sie an. Die übrigen Teigblätter mit einem feuchten Geschirrtuch bedecken, damit sie nicht austrocknen. Geben Sie je einen gehäuften Teelöffel der Füllung in die Mitte eines Teigblattes. Befeuchten Sie eine Ecke und den unteren Rand des Teigblattes, schlagen Sie die untere Hälfte über die Füllung zu einem Dreieck und drücken Sie die Ränder zusammen. Schlagen Sie die unteren Ecken übereinander und drükken Sie sie zusammen. Die gefalteten Klöße sollten wie eine Schwesternhaube aussehen. Legen Sie die fertigen Klöße auf ein mit Backpapier ausgelegtes Backblech, ohne daß sie sich berühren. Mit Klarsichtfolie abgedeckt in den Kühlschrank stellen, wenn sie nicht gleich verarbeitet werden. (Die Klöße lassen sich hervorragend einfrieren. Stellen Sie sie auf dem Backblech in die Tiefkühltruhe, damit sie nicht aneinander kleben. Die gefrorenen Klöße geben Sie dann in einen Gefrierbeutel. Die Klöße können tiefgekühlt bis zu 2 Monaten aufbewahrt werden.)

Für die Suppe schneiden Sie den grünen Teil des Pak Choi in feine Streifen, den hellen Strunk heben Sie für einen anderen Zweck auf. Wenn Sie Spinat verwenden, entfernen Sie die groben Stiele und schneiden das Blattgrün in feine Streifen.

Die Brühe in einen großen Topf gießen und den Ingwer hineinrühren. Auf mittlerer Hitze zum Kochen bringen, dann die Pilze dazugeben. 1 Minute leise kochen. Pak Choi oder Spinat, Klöße und Knoblauchgrün in die Brühe geben und etwa 4 Minuten kochen lassen, bis die Klöße transparent sind.

Ungefähr 6 Klöße in jeden Suppenteller legen. Suppe darübergießen und mit Koriandergrün garnieren.

Für 6 bis 8 Personen

Gartenfrischer Mesclun

Mesclun ist die provenzalische Bezeichnung für einen gemischten Salat aus Blättern und Kräutern aller Art. Wenn Sie nicht im eigenen Garten ernten können, versuchen Sie, auf einem Erzeuger- oder Wochenmarkt eine möglichst bunte Mischung zu kaufen.

Etwa 6 Handvoll gemischte Salate, wie Pflücksalat, junger Spinat, Rauke, Feldsalat, Radicchio, Sauerampfer, Endivie oder Frisee, außerdem eine Handvoll gemischte Kräuter wie glatte Petersilie, Kerbel, Minze und Basilikum

Schalotten-Vinaigrette:
4 EL Balsamico-Essig
1 mittelgroße Schalotte, fein gewürfelt
Salz und frisch gemahlener schwarzer Pfeffer
6 EL kaltgepreßtes Olivenöl

10 bis 12 pestizidfreie, frische, eßbare Blüten wie Veilchen, Kapuzinerkresse, Calendula oder Borretschblüten (zum Garnieren)

Die Blattgemüse und Kräuter vorsichtig waschen, dann mit einer Salatschleuder oder in einem Küchenhandtuch trockenschleudern. In eine Salatschüssel geben. Wenn Sie den Salat nicht sofort anrichten möchten, kann er, in feuchte Tücher oder Küchenpapier gehüllt, auch einige Stunden im Kühlschrank gelagert werden.
In einer kleinen Schüssel Essig, Schalotte, Salz und Pfeffer verrühren, dann das Olivenöl langsam dazugießen und verquirlen.
Die Blüten (falls notwendig) in stehendem Wasser vorsichtig schwenken und mit Küchenkrepp trockentupfen. Vinaigrette über den Salat und die Kräuter gießen und sanft vermengen. Mit den Blüten garnieren und sofort servieren.

Für 6 bis 8 Personen

Feldsalat à la Veronique mit frischen Kräutern und Honig-Orangen-Dressing

Diese Salatsauce ohne Öl ist ein Genuß für Gesundheitsbewußte und Honigliebhaber.

4 Handvoll Feldsalat, gründlich gewaschen und getrocknet

Kräuter-Honig-Orangen-Dressing:
1/8 l frisch gepreßter Orangensaft
2 EL Kleehonig
Salz und frisch gemahlener weißer Pfeffer nach Geschmack
1 TL frisch gehackter Kerbel
1 TL frisch gehackter Schnittlauch
1 TL frisch gehackter Estragon
1 TL fein gehackte glatte Petersilie

Geröstete Haselnußblättchen zum Garnieren (wahlweise)

Salat in eine Salatschüssel geben. In einer kleinen Schüssel alle Zutaten für das Dressing verquirlen. Dressing über den Salat träufeln und sanft vermengen.
Salat auf 4 Portionstellern anrichten, die Haselnußblättchen darüberstreuen. Sofort servieren.

Für 4 Personen

Eine bunte Palette von Kräuter-Blüten-Canapés

So eine Hors-d'œuvre-Platte ist im Sommer unwiderstehlich. Man kann beinahe alle frischen Kräuter dafür verwenden und an Blüten das, was man im Garten oder auf dem Markt findet. (Achtung: Blumen vom Blumenhändler sind nicht geeignet, denn sie sind meistens behandelt!)

500 g Sahnefrischkäse, zimmerwarm
6–8 EL Milch
3 EL frisch gehackter Schnittlauch
2 rechteckige Graubrote
40 bis 60 frische Kräuterblüten
20 bis 30 eßbare Blüten
20 bis 30 frische Kräuterzweige

Den Frischkäse mit 6 EL Milch in einer Schüssel glattrühren. Wenn die Mischung zu fest ist, mehr Milch dazugeben, bis die gewünschte Konsistenz erreicht ist. Den Schnittlauch daruntermischen.

Für die Canapés mit einem scharfen Messer die Rinde vom Brot abschneiden, dann das Brot in 8 mm dicke Scheiben schneiden. Dann jede Scheibe wahlweise vierteln oder in Dreiecke schneiden. Die Käsecreme auf den Scheiben verstreichen, etwa 1 Löffel pro Scheibe. Die Scheiben auf ein Backblech legen und mit Klarsichtfolie bedeckt etwa 6 Stunden in den Kühlschrank stellen.

Wenn möglich, pflücken Sie die Kräuterblüten am frühen Morgen, wenn sie noch taufrisch sind. Nehmen Sie die Blüten von Knoblauch, Kamille, Kerbel, Koriander, Dill, Majoran, Rosmarin, Salbei, Oregano und Thymian. Auch die eßbaren Blüten sollten Sie, falls vorhanden, um diese Tageszeit pflücken, also z.B. Kapuzinerkresse, Borretsch, Gänseblümchen, Veilchen. (Versichern Sie sich, daß es sich wirklich um eßbare Blüten handelt und daß sie nicht mit Pestiziden behandelt wurden.) Die Blüten vorsichtig waschen und im Wasser stehend bis zu 6 Stunden in den Kühlschrank stellen.

Auch Kräuter eignen sich hervorragend als Dekoration, also glatte und krause Petersilie, Minze, Dill, rotes und grünes Basilikum, Majoran, Oregano, Thymian und Salbei. Die Blättchen vorsichtig waschen und mit Küchenkrepp trockentupfen. Auf feuchtes Küchenkrepp auf ein Backblech legen und mit Klarsichtfolie abdecken. Etwa 2 Stunden in den Kühlschrank stellen.

Zum Arrangieren der Canapés dekorieren Sie jede Scheibe mit einer Kräuterblüte und ein bis zwei eßbaren Blüten. Als Kontrast legen Sie Kräuterblätter dazu. Lassen Sie Ihrer Phantasie freien Lauf beim Komponieren der Farben und Aromen. Dieses Hors d'œuvre kann im voraus zubereitet und mit Klarsichtfolie bedeckt kühl gestellt werden, aber je schneller die Canapés serviert werden, desto frischer sind die Blüten.

Für 8 bis 10 Personen

Salat aus Birnen und Pekannüssen mit Himbeer-Melissen-Vinaigrette

Birnen und geröstete Pekannüsse ergänzen einander wunderbar. Die Himbeer-Vinaigrette und das Aroma der Zitronenmelisse machen diesen fruchtigen Salat zu einer besonders raffinierten Vorspeise.

Himbeer-Melissen-Vinaigrette:
1 EL Himbeeressig
1/4 TL Zucker
Salz und frisch gemahlener weißer Pfeffer nach Geschmack
Prise Muskat
2 TL frisch gehackte Zitronenmelisse (oder Minze)
3 EL kaltgepreßtes Olivenöl

2 EL Pekannüsse (ersatzweise Walnüsse)
1 Kopfsalat, geputzt, gewaschen und trockengeschleudert
2 große reife Birnen, geschält, geviertelt, entkernt und in Spalten geschnitten
einige Blätter frische Zitronenmelisse (oder Minze) zum Garnieren

Den Backofen auf 190 Grad C vorheizen.
In der Zwischenzeit die Vinaigrette zubereiten. In einer kleinen Schüssel Essig, Zucker, Salz, Pfeffer, Muskat und Zitronenmelisse (oder Minze) verrühren. Das Olivenöl hineinrühren. Beiseite stellen.
Die Pekannüsse auf einem Backblech etwa 5 Minuten im Backofen rösten, bis sie hellbraun sind. Etwas abkühlen lassen und grob hacken.

4 Portionsteller mit den Salatblättern auslegen. Je eine halbe, in Spalten geschnittene Birne auf den Salatblättern anrichten. Die gehackten Nüsse über die Birnen streuen, dann Vinaigrette darüberträufeln. Mit Zitronenmelisse (oder Minze) garnieren und sofort servieren.

Für 4 bis 6 Personen

Tausend-Kräuter-Käsecreme

In diesem würzigen Käsedip kommen die ›Tausend Kräuter‹ hervorragend zur Geltung. Servieren Sie dazu in Streifen geschnittenes, rohes Gemüse. Sie können die Creme unverdünnt auch auf Kräcker streichen oder als Basis für ein Sandwich nehmen.

300 g frischer Ziegenkäse, zimmerwarm
2 TL fein gehackter frischer Estragon
2 TL fein gehackte frische glatte Petersilie
2 TL fein gehackter frischer Oregano
2 TL fein gehackter frischer Thymian
2 TL fein gehackter frischer Dill
2 TL fein gehacktes frisches Basilikum
1 TL fein geschnittener frischer Schnittlauch
Prise Cayennepfeffer
Milch zum Verdünnen

In einer mittelgroßen Schüssel Käse, Kräuter und Cayennepfeffer verrühren, bis eine glatte Mischung entsteht. Milch zugeben, bis die gewünschte Konsistenz erreicht ist.
Mit Klarsichtfolie abdecken und etwa 1 Stunde im Kühlschrank ziehen lassen. Zum Servieren wieder auf Zimmertemperatur bringen.

Für 4 bis 6 Portionen

Tausend-Kräuter-Käsecreme, Salat aus grünen Bohnen mit Bohnenkraut-Vinaigrette (Rezept Seite 36) und Jicama-Salat mit Minze-Honig-Dressing (Rezept Seite 37)

Salat aus grünen Bohnen mit Bohnenkraut-Vinaigrette

Bohnen und Bohnenkraut sind eine klassische Verbindung. Dieser leckere Salat läßt sich besonders schnell zubereiten.

Vinaigrette:
2 EL frisch gepreßter Zitronensaft
Salz und frisch gemahlener schwarzer Pfeffer nach Geschmack
2 TL Dijonsenf
1 EL fein gehackte Schalotten
1 Knoblauchzehe, durchgepreßt
1 EL fein gehacktes frisches Bohnenkraut
6 EL kaltgepreßtes Olivenöl

1 EL Salz
750 g feine grüne Bohnen, geputzt

Für die Vinaigrette Zitronensaft, Salz und Pfeffer, Senf, Schalotten, Knoblauch und Bohnenkraut in einer mittelgroßen Schüssel vermischen. Olivenöl hineinrühren und beiseite stellen.
Eine Schüssel, die groß genug ist für die grünen Bohnen, mit Eiswasser füllen und beiseite stellen. In einem großen Kochtopf Wasser zum Kochen bringen, Salz und Bohnen dazugeben. Aufkochen lassen und 5 Minuten sprudelnd kochen lassen, vom Herd nehmen. Bohnen abgießen. Sofort unter kaltem Wasser abschrekken, dann in die Schüssel mit dem Eiswasser geben. 5 Minuten stehen lassen, dann gründlich abgießen.
Bohnen mit Küchenkrepp trockentupfen und in eine große Schüssel geben. Vinaigrette darübergießen und vermengen. Auf 4 gekühlten Portionstellern anrichten und sofort servieren.

Für 4 Personen

Jicama-Salat mit Minze-Honig-Dressing

Die Jicama ist eine Knollenfrucht aus Mexiko mit einem leicht süßlichen Aroma, die man bei uns selten findet. Sie wird am besten durch Melone ersetzt. Servieren Sie den Salat kalt, damit das kühle, erfrischende Aroma der Minze und der Jicama richtig zur Geltung kommen. Zitronenmelisse kann die Minze im Dressing ersetzen.

1 große Jicama (wahlweise 1 Honigmelone)
einige Zweige frischer Minze oder Friseesalat zum Anrichten

Minze-Honig-Dressing:
Saft von 1 großen Zitrone
1 EL Weißweinessig
1/8 l Öl
1/2 TL Dijonsenf
1 EL Honig
4 TL fein gehackte frische Minze
Salz nach Geschmack
1/4 TL frisch gemahlener schwarzer Pfeffer

2 mittelgroße Tomaten in Scheiben oder 12 Kirschtomaten

Mit einem scharfen Messer die braune äußere Rinde der Jicama abschälen. Danach den feinen Bast entfernen, bis man an das feste weiße Fleisch kommt. Die Jicama in dünne Rädchen schneiden, diese dann in dünne Streifen (Julienne). (Melone halbieren, die Kerne herauskratzen, die Hälften schälen, erst in Scheiben, dann in Stifte schneiden.)
Ein Bett aus Minze- oder Salatblättern auf einer Platte anrichten. Die Jicamastreifen darauf anrichten, dabei Platz für die Tomaten lassen. Mit Klarsichtfolie abgedeckt 30 Minuten in den Kühlschrank stellen, damit die Jicama kalt ist. Für das Dressing alle Zutaten in einer kleinen Schüssel verrühren. Kurz vor dem Servieren die Tomaten auf der Platte anrichten. Dressing noch einmal kräftig verquirlen, dann gleichmäßig über das Gemüse gießen. Sofort servieren.

Für 4 bis 6 Personen

BEILAGEN

Auf einer Liste mit Zutaten aus einem römischen Haushalt des 9. Jahrhunderts sind schon Kräuter wie Basilikum, Estragon und Thymian zu finden, und zweifellos kamen diese frisch aus dem Garten. Bis heute gibt es kaum etwas Schöneres, als die Kräuter für eine Mahlzeit unmittelbar vor dem Essen selbst im Garten zu pflücken. Wer keinen Garten hat, sollte sich von den Kräuterangeboten auf den Wochen- und Erzeugermärkten überzeugen und inspirieren lassen.

Essig gehört an jeden Salat – und Kräuter-Essig, selbstverständlich selbstgemacht, verfeinert jeden Salat in besonderer Weise. Sie können den Kräuter-Essig aber ebensogut als Marinade verwenden, ob es ein robuster Rosmarin-Essig für deftige Fleischgerichte ist oder der feine Estragon-Essig für Fisch und Krustentiere.

Sehr beliebt sind auch kräutergewürzte Kompositionen wie dickflüssige Kräuter-Öle, eingelegte Oliven und duftende Kräuter-Honige. Alle diese Spezialitäten eignen sich hervorragend als Geschenke für Freunde und Verwandte.

Auch dem Kochwasser für Gemüse kann man einige Kräuter hinzufügen, es wird so auf unvergleichlich sanfte Art aromatisiert. Und nicht zuletzt: Frische Kräuter in einem einfachen Kartoffelpüree machen aus der Beilage ein Festmahl!

Kräuter-Essig

Die beste Zeit, Kräuter-Essig anzusetzen, ist im Sommer, kurz vor der Blüte, wenn die Pflanzen ihr volles Aroma haben. Sie dann zu konservieren heißt, das Aroma über das Jahr zu retten! Kräuter-Essig findet nicht nur in Salaten seine Verwendung, man kann ihn auch für Marinaden verwenden, im Kochwasser für Gemüse, und als Sommerdrink ist für Kenner ein Glas Mineralwasser mit einem Tropfen hausgemachtem Kräuter-Essig eine Delikatesse.
Schnittlauch, Dill, Lavendel, Zitronenmelisse, Estragon, Thymian und Basilikum passen am besten zu Weißweinessig oder Reisessig. Oregano, Rosmarin und Salbei hingegen passen am besten zu Rotweinessig. Rotes Basilikum gibt seine Farbe an Weißweinessig ab und färbt ihn faszinierend rosa, gibt aber nur wenig Aroma ab. Für den Geschmack sollte man daher grünes Basilikum nehmen – und etwas rotes der Farbe halber dazu. Weitere Geschmackszutaten wie Chili, Knoblauch oder Zwiebeln können dem Essig zusätzlich beigefügt werden. Wichtig: Essig niemals erhitzen, denn dann verliert er seine Säure und konserviert nicht mehr.
Kräuter-Essig muß einige Wochen ziehen, damit das Aroma sich löst. Und so schön grüne Zweige im Essig aussehen: Licht und Säure verfärben sie in kurzer Zeit, und zurück bleiben unansehnliche schwarze Stiele.

Estragon-Essig

Das milde Anisaroma dieses Essigs macht einen Birnen- oder Orangensalat noch interessanter. Sie können den Essig aber auch auf Gurkenscheiben träufeln oder anstelle von Zitronensaft für eine Estragon-Mayonnaise verwenden.

2 Tassen frischer Estragon mit Blättern und Stielen
75 g Schalotten in Scheiben
5 schwarze Pfefferkörner
½ l Weißweinessig
einige Zweige frischer Estragon (wahlweise)

Kräuter waschen und mit Küchenkrepp trokkentupfen. In ein großes, sterilisiertes und verschließbares Glas legen. Estragon mit einem Holzstößel oder Holzlöffel zerdrücken. Schalotten und Pfefferkörner dazugeben und mit Essig auffüllen, bis die Kräuter und die anderen Zutaten gut bedeckt sind. Das Gefäß fest zudekken und an einem kühlen, dunklen Platz mindestens 2 Wochen lagern. Falls Sie den Geschmack noch etwas intensiver haben möchten, kann das Glas auch etwas länger stehen bleiben. Gefäß zwischendurch schütteln.
Essig durch ein Nesseltuch oder Papierfilter in eine sterilisierte 1-Liter-Flasche gießen.
Kräuter wegwerfen. Wer möchte, kann jetzt einen frischen Stengel Estragon in die Flasche geben. Flasche fest verschließen und an einem dunklen Platz bis zu 1 Jahr lagern.

Ergibt ½ Liter

Rosmarin-Essig

Dieser würzige Essig eignet sich hervorragend für Rindfleisch- oder Lammfleischsalate. Ein Schuß davon im Kochwasser für Artischocken verleiht dem Gemüse ein ganz besonderes Aroma.

2 Tassen frischer Rosmarin, grob gehackt
4 Knoblauchzehen, geschält
½ l Rotweinessig
frische Rosmarinzweige (wahlweise)

Rosmarin waschen und mit Küchenkrepp trokkentupfen. In ein großes sterilisiertes Glas geben und mit einem Holzstößel oder Holzlöffel zerdrücken. Knoblauchzehen mit einem Holzstäbchen anstechen. Zu dem Rosmarin in das Glas geben, mit dem Essig auffüllen, bis der Rosmarin gut bedeckt ist. Fest zudecken und an einem kühlen, dunklen Platz 1 Woche lagern. Den Knoblauch entfernen.

Das Glas eine weitere Woche stehen lassen, dann den Essig durch ein Nesseltuch oder Papierfilter in eine sterilisierte 1-Liter-Flasche gießen. Nach Wunsch einen frischen Zweig Rosmarin in die Flasche geben, fest verschließen und bis zu 1 Jahr an einem kühlen, dunklen Platz lagern.

Ergibt ½ Liter

Kräuter-Öl

Kräuter-Öl ist vielseitig verwendbar. Geröstete Brotscheiben, mit einem duftenden Rosmarin-Öl beträufelt, sind eine raffinierte Vorspeise, und eine Vinaigrette mit Zitronenthymian-Öl macht nicht nur aus Ihrem grünen Salat ein Ereignis, sondern würzt auch Gemüse, Reis oder gegrillte Garnelen.

Anders als Kräuter-Essig ist Kräuter-Öl kurzlebig. Um es überhaupt zu konservieren, sollte man es im Kühlschrank aufbewahren, obwohl es dort unansehlich und dickflüssig wird. Auch Säure hilft bei der Konservierung, deshalb empfehlen wir, die Kräuter entweder nach dem Blanchieren mit Zitronensaft zu beträufeln oder etwas Zitrone zum Öl zu geben.

Basilikum-Öl

Für Tomatenliebhaber gibt es nichts Schöneres als einen Teller gartenfrischer Tomaten, die nur mit diesem aromatischen, an Minze und Nelken erinnernden Basilikum-Öl, Salz und frisch gemahlenem schwarzen Pfeffer gewürzt sind.

2–4 Bund Basilikum
½ l kochendes Wasser
2 TL Zitronensaft
½ l kaltgepreßtes Olivenöl

Basilikumblätter erst in einem Durchschlag mit kaltem Wasser abbrausen, dann mit dem kochenden Wasser übergießen. Gut abtropfen lassen, dann mit Küchenkrepp trockentupfen.
Basilikum mit dem Zitronensaft und ¼ Tasse Olivenöl im Mixer grob zerkleinern. Unter ständigem Rühren das restliche Olivenöl dazuträufeln, bis die Mischung cremig wird.
In ein sterilisiertes Glas geben und fest verschließen. 1 Woche in den Kühlschrank stellen.

Das Öl bei Zimmertemperatur durch ein Nesseltuch oder Papierfilter seihen und in das Glas zurückgießen. Bis zu 2 Wochen in den Kühlschrank stellen. (Das Öl wird fest und etwas trüb, verflüssigt sich aber in wenigen Minuten bei Zimmertemperatur oder wenn man das Glas kurz unter heißes Wasser hält.)

Ergibt knapp ½ Liter

Zitronenthymian-Öl

Träufeln Sie dieses Öl einmal über Ihren Spinatsalat oder eine mit Shrimps gefüllte Avocado – Sie werden von dem intensiven Aroma begeistert sein!

2–3 Bund Zitronenthymian
1/2 l kochendes Wasser
1/2 l kaltgepreßtes Olivenöl
1 kleine Zitrone (unbehandelt), gewaschen, geviertelt und entkernt
Saft von 1 Zitrone

Zitronenthymian in einem Sieb gut abspülen. Kochendes Wasser darübergießen, gut abtropfen lassen und die Kräuter trockentupfen. Zitronenthymian und eine 1/4 Tasse Olivenöl im Mixer grob zerkleinern. Das restliche Öl tropfenweise zugießen und verrühren, bis eine cremige Mischung entstanden ist. In ein sterilisiertes Glas mit Deckel geben. Die Zitronenviertel und den Zitronensaft zugeben, verrühren und fest verschließen. 1 Woche kalt stellen.

Öl auf Zimmertemperatur bringen und durch ein Nesseltuch oder einen Papierfilter gießen. Es kann 2 Wochen im Kühlschrank aufbewahrt werden. (Das Öl wird dabei fest, verflüssigt sich aber bei Zimmertemperatur wieder.)

Ergibt knapp 1/2 Liter

Italienische Kräutermischung

Diese aromatische Kräutermischung nach italienischer Art würzt Pizza, Raviolifüllungen, Tomatensaucen und gegrilltes Fleisch, gegrillte Zucchini und geschmorte Artischocken.

1 EL getrockneter Oregano
1 EL getrockneter Majoran
1 EL getrockneter Schnittlauch
2 TL getrockneter Rosmarin
1 TL Fenchelkörner
1 TL getrockneter Salbei
1 TL getrocknete Minze

Alle Zutaten in eine kleine Schüssel geben. Mit den Fingerspitzen die Kräuter leicht zerkrümeln. Alle Zutaten gut miteinander vermengen. In ein Glas geben und fest verschließen. An einem kühlen, dunklen Platz bis zu 1 Jahr lagern.

Ergibt etwa 1/3 Tasse

Anmerkung: *Auf Seite 11 finden Sie Tips zum Trocknen von Kräutern.*

Provenzalische Kräutermischung

So intensiv wie die Kräuter, die unter der unbarmherzigen Sonne der Provence reifen, sind die unseren nie. Trotzdem kann man mit einer Kräutermischung wie dieser einen Hauch Provence in unsere Küchen bringen ...

1 EL getrockneter Thymian
1 EL getrockneter Majoran
1 EL getrocknetes Bohnenkraut
1 EL getrockneter Rosmarin
2 getrocknete Lorbeerblätter, fein zerstoßen
1 TL getrocknete Lavendelknospen
1 TL Fenchelsamen
2 TL abgeriebene, getrocknete Orangenschale

Thymian, Majoran, Bohnenkraut und Rosmarin in eine kleine Schüssel geben. Mit den Fingerspitzen die Kräuter sanft zerdrücken. Zerstoßenen Lorbeer, Lavendelknospen, Fenchelsamen und Orangenschale dazugeben. Alle Zutaten gut vermengen.
In ein Glas geben und fest verschließen. An einem kühlen, dunklen Ort bis zu 1 Jahr lagern.

Ergibt etwa 1/3 Tasse

Kräuter-Honig

Die Verbindung des Naturprodukts Honig mit der natürlichen Würze von Kräutern ist fast immer sehr harmonisch. Getrockneter Salbei, Rosmarin, Thymian oder eine provenzialische Kräutermischung machen aus dem Honig eine Beilage zu pikanten Gerichten, während mit Minze, Kamille und Lavendel gewürzter Honig zu Süßspeisen paßt oder zum Aromatisieren von Tee verwendet werden kann. Der Honig sollte für diese Zubereitungen so neutral wie möglich sein, damit die Kräuter ihren Geschmack entfalten können. Zur Aromatisierung von Honig sollte man ausschließlich getrocknete Kräuter verwenden, denn frische Kräuter enhalten zuviel Feuchtigkeit, und der Honig kann verschimmeln.

Honig mit mediterranen Kräutern

1 250-g-Glas Klee-oder Alfalfahonig
4 TL provenzalische Kräuter (Rezept Seite 44), zerrieben

Deckel und Verschlußfolie vom Honigglas entfernen. Das Glas *offen* in einen Topf mit 5 cm Wasser stellen. Wasser zum Kochen bringen und den Honig 5 Minuten lang erwärmen.
Glas aus dem Wasser nehmen und sofort die Kräuter dazugeben. Glas verschließen und kräftig schütteln, damit die Kräuter sich verteilen. Das Glas auf einer sonnigen Fensterbank oder an einem warmen Ort 1 Woche lang stehen lassen, damit sich das Aroma der Kräuter entwickeln kann.
Wenn sich der gewünschte Geschmack entfaltet hat, den Honig wie oben beschrieben erwärmen, dann durchseihen. Kräuter wegwerfen und Honig sofort wieder in das Glas gießen. Fest verschließen und bei Zimmertemperatur an einem dunklen Ort bis zu 6 Monaten stehen lassen. Wenn sich Kristalle bilden, Honig vor dem Gebrauch wie oben erwärmen. Schmeckt köstlich über Erdbeeren oder Kirschen geträufelt, eignet sich aber ebensogut als Glasur für eine Lammkeule.

Ergibt etwa 1 ½ Tassen

Salbei-Honig

1 250 g-Glas Klee- oder Alfalfahonig
4 TL getrockneter Salbei, zerdrückt

Deckel und Verschlußfolie von dem Glas entfernen. Das Glas *offen* in einen Topf mit 5 cm Wasser stellen. Wasser zum Kochen bringen und den Honig 5 Minuten lang erwärmen.
Glas aus dem Wasser nehmen und sofort den Salbei an den Honig geben. Glas fest verschließen und kräftig schütteln. Glas 1 Woche lang auf einer sonnigen Fensterbank oder an einem warmen Ort stehen lassen, damit sich das Aroma entwickelt.
Wenn der Honig den gewünschten Geschmack angenommen hat, wie oben erwärmen, dann abseihen. Salbei entfernen und Honig sofort wieder in das Glas zurückgießen. Fest verschließen und bei Zimmertemperatur an einem dunklen Ort bis zu 6 Monate stehen lassen. Wenn sich Kristalle bilden, Honig vor dem Gebrauch wie oben erwärmen. Dieser Honig findet Verwendung in einem Dressing für Apfelsalat mit Cheddar, aber auch im heißen Tee bei Erkältung.

Ergibt etwa 1 ½ Tassen

Zitronen-Melisse-Konfitüre

Die Blätter der Zitronenmelisse haben ein honigsüßes, nach Zitrone duftendes Aroma. Hier akzentuieren sie den Geschmack einer herb-süßen Zitronenmarmelade, die gut aufs Frühstücksbrötchen paßt oder als Relish zu Brathähnchen, Ente oder anderem Wildgeflügel. Das Rezept ist so ergiebig, daß ein paar extra Gläser zum Verschenken abfallen. Ihr Vorrat wird schneller als erwartet zu Ende gehen.

1,5 kg große, dünnschalige Zitronen
3 l Wasser
1,5 kg Kristallzucker
¼ Tasse fein gehackte Zitronenmelisse

1. Tag: Die Zitronen waschen und in dünne Scheiben schneiden.
Die Kerne herauslösen und in ein Mullsäckchen wickeln.
Zitronenscheiben und das Mullsäckchen in einen großen, innen glasierten Steinguttopf geben und 1 ½ Liter Wasser zugießen. Mit einem sauberen Geschirrtuch zugedeckt 24 Stunden bei Zimmertemperatur stehen lassen.
2. Tag: Alles in einen großen Edelstahltopf gießen und bei mittlerer Hitze aufkochen lassen, dann wieder vom Herd nehmen. Den Topfinhalt in den Steinguttopf zurückgießen und abkühlen lassen. Mit einem sauberen Geschirrtuch zugedeckt weitere 24 Stunden stehen lassen.
3. Tag: Die Flüssigkeit abgießen. Zitronen und Mullsäckchen in den großen Edelstahltopf geben. Mit den restlichen 1 ½ Liter Wasser auffüllen. Bei mittlerer Hitze zum Kochen bringen. Etwa 30 Minuten kochen, bis sich die Schale der Zitrone leicht mit einem Zahnstocher einstechen läßt. Von der Herdplatte nehmen und durchseihen, dabei die Flüssigkeit aufheben. Die Zitronen beiseite stellen. Den Saft in den Topf zurückgießen, das Mullsäckchen und den Zucker dazugeben. Unter Rühren aufkochen lassen, bis sich der Zucker auflöst, dann auf mittlere Hitze schalten. Etwa 30 Minuten offen kochen, bis die Mischung dickflüssig wie Sirup ist. Die Zitronenscheiben wieder an den Sirup geben und 30 bis 40 Minuten kochen, bis die Mischung eingedickt ist und die Rückseite eines Löffels überzieht. Das Mullsäckchen mit den Kernen entfernen. Die Melissenblätter unterrühren und den Sirup vom Herd nehmen.
Die Konfitüre in sterilisierte Gläser bis knapp unter den Rand füllen und nach Vorschrift verschließen. Im Kühlschrank bis zu 2 Wochen lagern. Will man die Konfitüre länger lagern, sollte man sie jetzt noch einmal sterilisieren.

Ergibt etwa 6 Gläser

Rohe Tomatensauce mit Koriandergrün

Dies ist eine der zahlreichen Varianten einer roh gerührten Tomatensauce, für die in Mexiko jeder Koch ein anderes Rezept kennt. Wenn man sie im Mixer zubereitet, sollte sie nicht zu fein püriert werden, sie verliert dann ihren angenehmen Biß.

2 bis 3 fein gehackte Chilischoten
4 fein gehackte Frühlingszwiebeln, mit 5 cm der grünen Teile
2 Knoblauchzehen, durchgepreßt
4 große reife, fein gehackte Tomaten
1/4 Tasse fein gehacktes frisches Koriandergrün
1 1/2 EL frisch gepreßter Zitronensaft
1/8 bis 1/4 TL Salz

Chili, Zwiebeln, Knoblauch, Tomaten und Koriandergrün in einer Schüssel gut mischen. Zitronensaft und Salz dazugeben und gut verrühren.
Sofort servieren. Übrig gebliebene Sauce in einem Topf zum Kochen bringen, abkühlen lassen, dann fest verschlossen bis zu 1 Woche im Kühlschrank lagern.

Ergibt etwa 1/2 Liter

Ananas-Papaya-Sauce mit Majoran

Die süß-pikante Sauce bekommt durch Majoran einen herben Unterton. Für einen eher fruchtigen Geschmack können Sie statt dessen auch Basilikum verwenden. Diese Sauce paßt am besten zu gegrilltem Fisch oder Fleisch.

1 kleine frische Ananas in Stücken
1 reife Papaya, geschält, halbiert und entkernt
1 TL brauner Zucker
1 TL Salz
4 EL fein gehackter frischer Majoran
1 EL fein gehackte grüne Teile von Frühlingszwiebeln
1 1/2 TL fein gehackte, frische rote Chilischoten
1 EL fein gehackte rote Paprika

Ananas mit dem Schneidstab zu einem groben Püree zerkleinern. In eine mittelgroße Schüssel geben. Papaya ebenso zerkleinern und zu der Ananas geben.
Braunen Zucker und Salz an das Fruchtpüree geben und mit einem Holzlöffel umrühren, bis sie sich auflösen. Majoran, Frühlingszwiebel und Chilischote dazugeben und gut verrühren. Die fein gehackte rote Paprika zwischen Küchenkrepp pressen, um die Feuchtigkeit aufzusaugen, dann in die Fruchtmischung rühren. Bei Zimmertemperatur 30 Minuten ziehen lassen.

Ergibt etwa 1 Liter

Eingelegte schwarze Oliven mit Oregano und Petersilie

Dies ist ein sehr ungewöhnliches Rezept, mit dem Sie bei Gästen viel Ehre einlegen können.

Salzlake:
½ l Wasser
2 EL Meersalz

1 große Knoblauchzehe, längs geviertelt
180 g schwarze Oliven ohne Stein, abgetropft
1 EL getrockneter Oregano, zerdrückt
1 TL abgeriebene Zitronenschale
Saft von 1 Zitrone
4 EL Weißweinessig
kaltgepreßtes Olivenöl
1 EL fein gehackte glatte Petersilie

Für die Lake Wasser in einem kleinen Topf aufkochen. Meersalz hineinrühren, bis es sich aufgelöst hat. Vom Herd nehmen und abkühlen lassen.
In der Zwischenzeit jedes Knoblauchviertel mit der Messerklinge zerdrücken. Knoblauch in ein sterilisertes großes Glas mit Deckel geben. Oliven, Oregano, Zitronenschale und -saft und den Essig dazugeben. Glas zuschrauben und gut schütteln. Deckel abnehmen und abgekühlte Salzlake dazugießen. Wieder verschrauben und gut schütteln. Deckel abnehmen und so viel Olivenöl zugießen, daß es eine 1 bis 2 cm dicke Schicht über der Flüssigkeit bildet. Fest verschließen und 1 Woche in den Kühlschrank stellen.
Vor dem Servieren die Oliven auf Zimmertemperatur erwärmen. Mit einer Schaumkelle die Oliven in eine Schüssel füllen. Petersilie dazugeben und gut vermengen. Oliven in ein dekoratives Gefäß füllen oder zum Garnieren verwenden. Die Oliven können bis zu 1 Monat im Kühlschrank gelagert werden.

Ergibt etwa 2 Tassen

Eingelegte grüne Oliven mit Estragon und Lorbeer

Die mit Kräutern eingelegten grünen Oliven eignen sich hervorragend als Hors d'œuvre oder pikante Beilage.

Salzlake:
½ l Wasser
2 EL Meersalz
1 EL fein gehackter frischer Estragon
1 frisches oder getrocknetes Lorbeerblatt, in 4 bis 5 Stücke gezupft
abgeriebene Schale von 1 Orange
1 EL Korianderkörner

180 g grüne Oliven ohne Stein, abgetropft
1 Messerspitze Chilipulver
Saft von 1 Orange
4 EL Weißweinessig
kaltgepreßtes Olivenöl

Das Wasser in einem kleinen Topf zum Kochen bringen. Das Meersalz hineinrühren, bis es aufgelöst ist. Estragon, Lorbeerblatt, Orangenschale und Koriander dazugeben. Hitze herunterschalten und 3 bis 5 Minuten ohne Deckel kochen lassen. Vom Herd nehmen, zudecken und abkühlen lassen.
Die Oliven in ein sterilisiertes großes Glas mit Deckel geben. Chilipulver, Orangensaft und Essig dazugeben. Das Glas verschrauben und gut schütteln. Deckel abnehmen, die abgekühlte Lake dazugießen, das Glas wieder verschließen und schütteln. Deckel wieder abnehmen und so viel Olivenöl auffüllen, daß es 1 bis 2 cm hoch auf der Flüssigkeit steht. Fest verschließen und bis zu 1 Woche in den Kühlschrank stellen.
Vor dem Servieren auf Zimmertemperatur erwärmen. Die Oliven lassen sich bis zu 1 Monat im Kühlschrank lagern.

Ergibt etwa 2 Tassen

Rosmarin-Focaccia

Hier wird Rosmarin für das traditionelle italienische Fladenbrot verwendet, genausogut schmeckt es mit anderen Kräutern wie Basilikum, Estragon, Oregano, Schnittlauch und Thymian. Sie können das Brot auch mit Oliven, Knoblauchstückchen oder getrockneten Tomaten belegen, bevor Sie es in den Backofen schieben.

1 Päckchen Trockenhefe
4 EL lauwarmes Wasser
3/8 l kaltes Wasser
2 ½ EL kaltgepreßtes Olivenöl
1 ½ TL Salz, zusätzlich Salz zum Bestreuen
2 ½ TL fein gehackter frischer Rosmarin
gut 600 g Weizenmehl

Die Hefe in lauwarmem Wasser auflösen und etwa 5 Minuten stehen lassen. Kaltes Wasser, 1 ½ EL Olivenöl, 1 ½ TL Salz, Rosmarin und 450 g Mehl dazugeben und mit den Knethaken des Handrührers etwa 2 Minuten rühren, bis das Mehl eingearbeitet ist. Jetzt mit dem Knethaken auf unterer Geschwindigkeitsstufe das restliche Mehl einarbeiten, etwa ½ Tasse zur Zeit, immer nur soviel Mehl wie nötig, um einen knetbaren Teig zu erhalten. Etwa 10 Minuten weiterkneten, bis ein glatter, elastischer Teig entsteht. Zu einer Kugel formen.
(Fortsetzung Seite 54)

Von links nach rechts: Eingelegte grüne Oliven mit Estragon und Lorbeer (Rezept Seite 51); eingelegte schwarze Oliven mit Oregano und Petersilie (Rezept Seite 51); Kräuterblüten-Butter (Rezept Seite 55) und Rosmarin-Focaccia.

Wenn Sie den Teig von Hand kneten: Die Hefe in einer großen Rührschüssel in lauwarmem Wasser auflösen. Mit einem Holzlöffel 3 Tassen Mehl, Öl, Salz und Rosmarin einarbeiten, bis der Teig sich von den Schüsselwänden löst. Den Teig auf eine leicht bemehlte Arbeitsplatte geben und etwa 20 Minuten kneten und dabei, falls nötig, die restlichen 1 bis 1 ¼ Tassen Mehl hineinkneten, so daß der Teig nicht klebt. Zu einer Kugel formen.

Den Teig in eine eingeölte Schüssel geben und so darin schwenken, daß die Kugel von allen Seiten mit Öl überzogen ist. Mit Klarsichtfolie oder einem sauberen Geschirrtuch zugedeckt an einem warmen Platz etwa 1 ½ Stunden gehen lassen, bis sich sein Volumen verdoppelt hat.

Den Teig zusammenkneten und auf eine leicht bemehlte Arbeitsplatte legen. Kurz kneten, dann halbieren. Zwei flache runde Backformen mit Öl ausstreichen. Mit dem Nudelholz jede Teighälfte zu einer Platte ausrollen und in die Backform drücken. Mit sauberen Geschirrtüchern bedeckt 30 Minuten gehen lassen.

Mit den Fingerspitzen die Teigoberfläche an mehreren Stellen eindrücken. Den Teig mit leicht angefeuchteten Geschirrtüchern bedeckt weitere 2 Stunden gehen lassen, bis sich das Volumen verdoppelt hat.

30 Minuten bevor der Teig vollständig aufgegangen ist, den Backofen auf 200 Grad C vorheizen. Vor dem Backen die Teigoberfläche mit dem restlichen Olivenöl einpinseln und mit Salz bestreuen.

Brote in den Ofen schieben. Für eine schöne Kruste die Oberfläche während der ersten 10 Minuten Backzeit alle 3 Minuten mit Wasser einsprühen. Etwa 30 Minuten backen, bis die Oberfläche goldbraun ist. Brote sofort auf ein Kuchengitter legen.

Ergibt 2 Fladenbrote

Petersilien-Schnittlauch-Butter

Neben Petersilie und Schnittlauch können auch andere frische Kräuter – wie Basilikum, Koriandergrün, Dill, Majoran, Minze, Rosmarin, Estragon und Thymian – in diese köstliche Butter gemischt werden. Eine solche Kräuterbutter sollte man immer vorrätig haben, sie paßt zu Sandwiches, Fisch- oder Gemüsesaucen oder zu gegrilltem Fisch oder Fleisch. Auch andere Zutaten wie Tabasco, Zitronenschale, Kapern, Knoblauch oder Schalotten können wunderbare Aromen erzeugen.

2 EL fein gehackte glatte Petersilie
2 EL fein gehackter Schnittlauch
150 g Butter, weich
2 TL Zitronensaft
2 TL Dijonsenf
Salz nach Geschmack

Petersilie, Schnittlauch und Butter in eine kleine Schüssel geben. Mit einem Holzlöffel gut mischen. Zitronensaft, Senf und Salz dazugeben und gründlich verrühren.
Mit einem Gummispatel die Butter in kleine Portionsgefäße streichen. Oder 5 Minuten in den Kühlschrank stellen, dann eine Rolle von 2,5 cm Durchmesser formen, davon portionsweise Rädchen abschneiden. Gut verpackt 1 bis 2 Wochen im Kühlschrank lagern oder bis zu 3 Monaten im Gefrierfach.

Ergibt etwa 1 Tasse

Kräuterblüten-Butter

Die Kräuterblüten sind milder im Aroma als die Kräuter selbst. Diese Butter ist eine ideale Beilage zu gegrilltem Lachs oder pochierter Forelle.

1 Tasse gemischte Blüten von frischem Dill, Rosmarin, Schnittlauch und Basilikum sowie rote Basilikumblätter
150 g Butter, weich
2 TL Zitronensaft

Blüten und Blätter waschen und vorsichtig mit Küchenkrepp trockentupfen. Die Blütenblätter der Schnittlauchblüte abzupfen. Mit einem scharfen Küchenmesser alle Kräuterblüten, einschließlich Blütenblätter und Basilikumblätter, fein hacken. Mit der Butter und dem Zitronensaft in eine Schüssel geben und mit einem Holzlöffel gut vermischen.
Die Butter mit einem Gummispatel in Portionsschälchen streichen. Oder kurz in den Kühlschrank stellen, dann eine Rolle von 2 bis 5 cm Durchmesser formen und portionsweise Rädchen abschneiden. Gut verpackt 1 bis 2 Wochen im Kühlschrank lagern oder bis zu 3 Wochen im Gefrierfach.

Ergibt etwa 1 Tasse

Kartoffelpüree mit Kräutern

Frische Kräuter, unmittelbar vor dem Servieren unter das Kartoffelpüree gemischt, geben der vertrauten Beilage immer neue Geschmacksrichtungen.

1 kg mehlig kochende Kartoffeln, geschält und geviertelt
1 Knoblauchzehe, geschält
1/8 l Milch
1/8 l Schlagsahne
4 EL Butter
Prise Muskat
1 1/2 EL fein gehackter frischer Schnittlauch
1 EL fein gehackte frische Petersilie
1 1/2 TL fein gehackter frischer Thymian
Salz und frisch gemahlener schwarzer Pfeffer nach Geschmack

Kartoffeln mit der Knoblauchzehe in einem großen Topf mit Wasser zum Kochen bringen. 10 bis 15 Minuten kochen, bis sich die Kartoffel leicht mit dem Messer einstechen läßt.

In einem kleinen Topf bei mäßiger Hitze Milch und Sahne erhitzen, bis sich am Rand feine Bläschen bilden, nicht kochen! Butter und Muskat dazugeben und soweit erwärmen, daß die Butter schmilzt. Warm stellen.

Wenn die Kartoffeln gar sind, abgießen. Kartoffeln und Knoblauchzehe durch die Presse drükken oder zerstampfen. (Nicht den Mixer nehmen, dann wird das Püree leimig!) Kartoffelpüree in einen großen Topf geben. Unter Rühren mit einem Holzlöffel langsam die Milchmischung unterrühren, bis eine cremige Konsistenz erreicht ist. Schnittlauch, Petersilie, Thymian, Salz und Pfeffer unterheben. In eine vorgewärmte Schüssel geben und auftragen.

Für 4 Personen

Tabbouleh
(Gemischter Salat mit Weizenschrot)

Ursprünglich wurde dieser Salat vor allem im Libanon geschätzt, eine Leidenschaft, die mittlerweile überall auf der Welt geteilt wird. Tabbouleh paßt als Beilage zu gegrilltem Lammfleisch oder Steak oder als leichtes Hauptgericht im Sommer mit Pita oder Rosmarin-Focaccia (Rezept Seite 52).

1 Tasse Burghul (Weizenschrot)
2 bis 3 Tomaten, fein gehackt
1 kleine Gurke, geschält und gewürfelt
1 Tasse fein gehackte glatte Petersilie
1 kleine Knoblauchzehe, durchgepreßt
1/3 Tasse frisch gepreßter Zitronensaft
1/2 Tasse fein gehackte Frühlingszwiebel mit den grünen Teilen
1/3 Tasse kaltgepreßtes Olivenöl
1/2 Tasse fein gehackte frische Minze
Salz und frisch gemahlener schwarzer Pfeffer nach Geschmack
8 bis 10 Blätter von Römersalat oder Herzen von grünem Salat
125 g Fetakäse, in Scheiben geschnitten
schwarze Oliven

Den Burghul in einer großen Schüssel mit so viel kaltem Wasser begießen, daß er vollkommen bedeckt ist, und etwa 40 Minuten weichen lassen. Dann ein paar Körner durchbeißen. Wenn sie weich, aber noch körnig sind, ist der Burghul fertig. Den Weizenschrot in die Hände füllen und das überschüssige Wasser auspressen. Den Burghul mit Tomaten, Gurke, Petersilie, Knoblauch, Zitronensaft und Zwiebel in eine tiefe Schüssel geben und mit einer Gabel vorsichtig, aber gründlich vermengen. Olivenöl und Minze hineinrühren, mit Salz und Pfeffer würzen. Zugedeckt 3 bis 6 Stunden kühlen. Vor dem Servieren den Salat vorsichtig vermengen, abschmecken und gegebenenfalls nachwürzen. Den Salat in die Mitte einer großen Platte häufen und mit Salatblättern umlegen. Mit Fetakäse und Oliven garnieren. Mit den Salatblättern kann der Tabbouleh auch ›gelöffelt‹ werden.

Für 6 bis 8 Personen

Von links nach rechts: Tabbouleh und Artischocken mit Minze-Prosciutto-Füllung (Rezept Seite 60)

Artischocken mit Minze-Prosciutto-Füllung

Große Artischocken eignen sich hervorragend zum Füllen, und diese würzige Minze-Variante ist besonders lecker. Ideal als Beilage zu einem leichten Essen oder als raffinierte Vorspeise.

2 l Wasser
2 EL frisch gepreßter Zitronensaft
4 große Artischocken

Füllung:
1 1/2 Tassen feine Semmelbrösel
1/4 Tasse frisch geriebener Parmesan
1/4 Tasse frisch geriebener Pecorino Romano
3/4 Tasse grob gehackte, frische Minze
1/4 Tasse grob gehackte, frische glatte Petersilie
2 Knoblauchzehen, durchgepreßt
125 g Prosciutto (luftgetrockneter italienischer Schinken), fein gehackt
Salz und frisch gemahlener schwarzer Pfeffer nach Geschmack
2/3 Tasse kaltgepreßtes Olivenöl

1 Lorbeerblatt
1/4 l trockener Weißwein
1 Orange, halbiert

Eine große Schüssel mit Wasser füllen und Zitronensaft dazugeben. Beiseite stellen. Immer nur 1 Artischocke zur Zeit verarbeiten. Unansehnliche äußere Blätter herauszupfen. Stiel abbrechen und den Boden mit einem Edelstahlmesser so zurechtschneiden, daß eine glatte Standfläche entsteht. Mit einer Küchenschere die Spitzen der äußeren Blätter abschneiden. Artischocke sofort in das Zitronenwasser legen, damit sich die Schnittflächen nicht verfärben.
Für die Füllung in einer mittelgroßen Schüssel Semmelbrösel, Käse, Minze, Petersilie, Knoblauch, Prosciutto, Salz und Pfeffer mischen. Olivenöl dazuträufeln und gründlich vermengen.
In einem großen Topf reichlich Wasser zum Kochen bringen. Die Hitze herunterschalten, Lorbeerblatt und 1/8 l Wein dazugeben. Die Artischocken mit dem Boden nach unten in den Topf setzen und zugedeckt 15 Minuten garen.
Mit einem Schaumlöffel oder mit einer Zange die Artischocken herausheben und mit dem Boden nach oben auf einem Tuch abtropfen lassen. Kochwasser weggießen, Lorbeerblatt behalten. Wenn die Artischocken weit genug abgekühlt sind, den inneren Ring von zarten Blättern herauslösen. Mit einem Löffel das Heu entfernen.
In jede Artischocke etwa 1 Tasse der Füllung geben. Wieder in den Topf setzen, Boden nach unten, das Lorbeerblatt dazugeben. Restlichen Wein und so viel Wasser dazugießen, daß die unteren Blätter von Flüssigkeit bedeckt sind. Zudecken, zum Kochen bringen und etwa 1 Stunde köcheln lassen, bis die Blätter weich sind und sich leicht auszupfen lassen.
Mit dem Schaumlöffel oder einer Zange Artischocken vorsichtig herausheben, gut abtropfen lassen und auf 4 vorgewärmte Teller setzen. Die Orangenhälften gleichmäßig über der Füllung und den Blättern ausdrücken. Heiß servieren.

Für 4 Personen

HAUPTGERICHTE

Oft erinnert uns ein Duft unvermittelt an unsere Kindheit. Es ist kein Zufall, daß es häufig die zarten, aber intensiven Aromen der Kräuter sind, die diese Erinnerungen in uns wachrufen. Zumal man in der Kräuterküche konservativ ist und viele Kräuter traditionell bestimmten Gerichten zugeordnet werden. Die Wissenschaft hat mittlerweile festgestellt, daß gerade die Kräuter, die unsere Vorfahren zu einzelnen Gerichten reichten, fast immer die Verdaulichkeit eben dieser Gerichte verbesserten.
Solche klassischen Kombinationen gibt es in den Nationalküchen aller Länder: Schweinebraten mit Lorbeer, Lamm mit Rosmarin, Huhn mit Estragon, Lachs mit Dill, Tomaten mit Basilikum.
Diese Traditionen sollten hin und wieder gebrochen werden, eine blumenduftende provenzalische Kräutermischung paßt auch zu Schweinefleisch, Garnelen schmecken auch mit Koriandergrün, und Tomaten harmonieren wunderbar mit Rosmarin. Zitronenthymian und Oregano würzen ein Rebhuhn ebenso wie ein Hähnchen. Und auch Krustentiere müssen nicht zwangsläufig im Dill-Sud auf den Tisch kommen. Versuchen Sie einmal den Gewürz-Kräuter-Sud aus Louisiana – und Sie werden feststellen, wie interessant neue Kombinationen sein können.

Von links nach rechts: Penne mit Marinara-Sauce und italienischen Kräutern (Rezept Seite 64), Gegrilltes Regenbogen-Gemüse mit Basilikum (Rezept Seite 67) und Pasta mit Pesto (Rezept Seite 68).

Penne mit Marinara-Sauce und italienischen Kräutern

Diese Marinara-Sauce ist eine willkommene Abwechslung zu schweren, langgekochten Saucen, und die helle Farbe ist eine echte Überraschung. Natürlich können Sie dieses Gericht auch mit vollreifen Flaschentomaten zubereiten. Sie können das Basilikum auch durch 2 TL frisch gehackten Rosmarin oder Estragon ersetzen. Reichen Sie zu der Pasta Knoblauchbrot und einen kalten Gemüsesalat.

12 bis 14 mittelgroße gelbe Tomaten (etwa 2 kg)
1 ½ EL kaltgepreßtes Olivenöl
2 Knoblauchzehen, durchgepreßt
1 Zwiebel, fein gehackt
Salz und frisch gemahlener schwarzer Pfeffer nach Geschmack
2 bis 3 EL gehacktes frisches Basilikum
1 ½ EL fein gehackter frischer Thymian
1 EL fein gehackter frischer Oregano
500 g Penne (kurze italienische Nudeln)
frisch geriebener Parmesan

In einem großen Topf Wasser zum Kochen bringen. Die Tomaten kreuzförmig einritzen und etwa 30 Sekunden in das heiße Wasser tauchen, bis die Haut sich löst. Mit einem Schaumlöffel herausnehmen und abschrecken. Dann die Haut abziehen. Die Tomaten halbieren und die Kerne mit einem kleinen Löffel herausschaben. Tomaten grob hacken.
Olivenöl bei mäßiger Hitze in einem mittelgroßen Topf warm werden lassen. Knoblauch und Zwiebel dazugeben und etwa 5 Minuten glasig dünsten. Tomaten dazugeben und bei mäßiger Hitze unter gelegentlichem Rühren 45 Minuten köcheln lassen, bis der größte Teil der Flüssigkeit verdampft ist. Salz und Pfeffer, Basilikum, Thymian und Oregano dazugeben und weitere 5 Minuten köcheln.
Einen großen Topf mit Salzwasser zum Kochen bringen. Penne hineingeben und nach Vorschrift auf der Packung garen.
Nudeln abgießen, abtropfen lassen und in Portionen aufteilen. Je eine Portion Sauce auf die Nudeln geben. Frisch geriebenen Parmesan dazu reichen.

Für 4 Personen

Gegrilles Regenbogen-Gemüse mit Basilikum

Gegrillt schmeckt Sommergemüse einfach köstlich. Die Marinade mit Basilikum und Knoblauch macht es besonders zart und aromatisch. Statt des Basilikums kann auch eine Mischung aus gehacktem frischen Thymian, Oregano und Rosmarin verwendet werden. Reichen Sie dazu Fladenbrot.

¼ l kaltgepreßtes Olivenöl
2 Knoblauchzehen, durchgepreßt
1 Bund frisches Basilikum, fein gehackt
2 mittelgroße Auberginen, in fingerbreite Scheiben geschnitten
2 kleine gelbe Zucchini
2 kleine grüne Zucchini
4 kleine rote Zwiebeln
2 rote Paprikaschoten, der Länge nach halbiert, Samen und Rippen entfernt
2 gelbe Paprikaschoten, der Länge nach halbiert, Samen und Rippen entfernt

Olivenöl, Knoblauch und Basilikum in einer kleinen Schüssel verrühren und mindestens 2 Stunden kühlen.
Auberginen, Zucchini, Zwiebeln und Paprika auf ein oder zwei Backbleche legen und mit dem Würzöl bestreichen. Den Holzkohlengrill vorbereiten. Wenn die Holzkohle weißlich geworden ist, gleichmäßig in der Grillpfanne verteilen.
Das Gemüse mit der eingeölten Seite nach unten auf den Grillrost legen. (Je nachdem, wie groß Ihr Grillrost ist, müssen Sie das Gemüse in mehreren Schichten grillen.) Die Oberseite der Gemüse ebenfalls mit Öl bestreichen, Gemüse wenden, wenn die Unterseite braun wird. Die Garzeit hängt von der Hitze, der Entfernung des Grillrosts von der Glut und der Stärke der Gemüsescheiben ab. Bei mittelstarker Glut rechnen Sie etwa 4 Minuten auf der ersten Seite und 3 Minuten auf der zweiten Seite. Achten Sie auf den richtigen Garpunkt, wenn das Gemüse zu lange gegrillt wird, zerfällt es.
Gemüse auf eine vorgewärmte Platte geben und heiß servieren.

Für 4 Personen

Pasta mit Pesto

Basilikumpesto mit Fettucine ist und bleibt der Klassiker – aber warum soll man sich auf die herkömmliche Zubereitung beschränken? Den Variationsmöglichkeiten jedenfalls sind kaum Grenzen gesetzt: Im amerikanischen Südwesten nimmt man Koriandergrün, Parmesan, Erdnußöl und Erdnüsse, die asiatische Variante verwendet Thai Basilikum, Minze und Sesamöl. Aus Majoran, Salbei, Thymian, Oregano, Dill und Bohnenkraut läßt sich ebenfalls ein köstliches Pesto zaubern. Auch Petersilie allein ergibt ein wunderbar aromatisches Pesto.

3 EL Walnüsse, in Stückchen
1 EL Pinienkerne
1 EL Knoblauch, grob gehackt
1 TL Salz
frisch gemahlener schwarzer Pfeffer nach Geschmack
ca. 4 Bund frisches Basilikum
3 EL glatte Petersilie, grob gehackt
1/8 l kaltgepreßtes Olivenöl
1/2 Tasse frisch geriebener Parmesan
2 EL frisch geriebener Peccorino Romano
500 g Fettuccine (italienische Bandnudeln)

Backofen auf 190 Grad C vorheizen. Walnüsse und Pinienkerne auf ein kleines Backblech legen und etwa 5 Minuten rösten, bis sie eine hellbraune Farbe haben. Abkühlen lassen.
Geröstete Nüsse, Knoblauch und Salz in die Küchenmaschine geben und fein zerkleinern. Basilikum, Petersilie und 2 EL Olivenöl dazugeben und kräftig verquirlen. Mit dem Küchenspatel die Paste von den Wänden des Mixers schaben. Das restliche Olivenöl langsam dazugießen und verrühren, bis die Mischung glatt und cremig ist. Die Mischung in eine mittelgroße Schüssel geben und mit dem Schneebesen den Käse hineinrühren. Mit Klarsichtfolie fest abdecken. Beiseite stellen.
Salzwasser in einem großen Topf zum Kochen bringen. Nudeln hineingeben und nach Vorschrift auf der Packung garen. Kurz bevor die Nudeln gar sind, 1 bis 2 EL Kochwasser zum Verdünnen in den Pesto rühren. Nudeln abgießen, abtropfen lassen und in eine vorgewärmte Schüssel geben. Pesto dazugeben und rasch vermengen. In vier Portionen aufteilen und heiß servieren.

Für 4 Personen

Anmerkung: *Um eine größere Menge Pesto auf Vorrat herzustellen, Rezept einfach verdoppeln oder verdreifachen. (Knoblauch, Nüsse und Käse jedoch weglassen, die dürfen erst kurz vor dem Servieren daruntergerührt werden.) 1 TL Zitronensaft pro 2/3 Tasse Pesto dazugeben und gut mischen. Pesto in sterilisierte Gläser mit Schraubdeckel geben.*
Fingerbreit mit Olivenöl bedecken und fest verschließen. Sofort in den Kühlschrank stellen. Läßt sich bis zu 2 Wochen im Kühlschrank und bis zu 6 Monaten im Gefrierfach oder -gerät lagern.

Herzhafte Minestrone mit Rosmarin-Pesto

Obwohl dieses Rosmarin-Pesto eine Art Neu-Erfindung ist und nicht die traditionelle Linie vertritt, verleiht es der fertigen Suppe ein wunderbares Aroma. Sie können den Rosmarin durch 1/4 Tasse gehacktes Basilikum ersetzen. Reichen Sie knuspriges Brot und einen Salat zu der Suppe.

3 EL kaltgepreßtes Olivenöl
1 große Zwiebel, in dünnen Scheiben
125 g Prosciutto (italienischer luftgetrockneter Schinken), in feine Streifen geschnitten
125 g Champignons, blättrig geschnitten
2 große Möhren, in dünne Scheiben geschnitten
4 große Mangoldblätter, in feine Streifen geschnitten
1 kleiner Wirsingkohl, Strunk entfernt, Blätter fein geschnitten
2 mittelgroße Zucchini, in dünne Scheiben geschnitten
375 g Flaschentomaten, gehäutet, entkernt und gehackt (oder aus der Dose, gehackt mit Saft)
2 1/2 Liter Hühnerbrühe
Salz und frisch gemahlener schwarzer Pfeffer

Rosmarin-Pesto:
2 große Knoblauchzehen
2 Bund glatte Petersilie, gehackt
Nadeln von einem 12 cm langen Stiel frischer Rosmarin
6 EL frisch geriebener Parmesan
1/2 getrocknete Chilischote

1 kleine Dose Lima-Bohnen, abgetropft
1 kleine Dose Kidney-Bohnen, abgetropft
125 g kleine Nudeln
frisch geriebener Parmesan zum Bestreuen

In einer großen Bratpfanne 2 EL Olivenöl bei mäßiger Hitze erwärmen. Zwiebel und Prosciutto dazugeben und etwa 10 Minuten anbraten, bis die Zwiebel glasig ist. Vom Herd nehmen und beiseite stellen.

Das restliche Olivenöl in einem großen Topf bei mittlerer Hitze erhitzen. Pilze dazugeben und 2 bis 3 Minuten schmoren, bis sie sich dunkel färben. Falls sie an der Pfanne kleben, 1 EL Wasser dazugeben. Zwiebel, Prosciutto, Möhren, Mangold, Kohl, Zucchini, Tomaten und Brühe dazugeben. Gut umrühren und aufkochen. Hitze reduzieren und zugedeckt etwa 1 1/4 Stunde köcheln lassen, bis die Aromen sich vermischt haben. Mit Salz und Pfeffer würzen. (Bis hierhin kann die Suppe vorbereitet und im Kühlschrank bis zu 3 Tagen und im Tiefkühlgerät bis zu 2 Monaten gelagert werden.)

In der Zwischenzeit das Rosmarin-Pesto zubereiten. Knoblauch, Petersilie, Rosmarin, Käse und Chili mischen und im Mörser zerstoßen, bis eine krümelige Paste entsteht. (Mit dem Handrührgerät kann auch püriert werden, dann müssen die Rosmarinnadeln vorher gehackt werden.)

Lima-Bohnen an die Suppe geben. 3 Minuten köcheln lassen. Kidney-Bohnen und Nudeln dazugeben und 5 bis 10 Minuten köcheln, bis die Nudeln bißfest sind. Rosmarin-Pesto hineinrühren. Suppe in Suppentellern servieren. Parmesan extra reichen.

Für 6 bis 8 Personen

Tomatentorte »Tricolore«

Mit Tomaten aus dem eigenen Garten in verschiedenen Farben sieht diese Tarte am spektakulärsten aus. Sie schmeckt mit roten Tomaten allerdings genausogut. Sie können auch eines der verwendeten Kräuter durch Basilikum ersetzen.

1 Paket Pizzaboden, gekühlt
1 EL Olivenöl

Füllung:
3 oder 4 Tomaten, vorzugweise in rot, gelb und orange, in dünnen Scheiben
1/8 l kaltgepreßtes Olivenöl
1 Knoblauchzehe, durchgepreßt
1 EL fein gehackter frischer Rosmarin
1 EL fein gehackter frischer Majoran (oder Oregano)
2 EL gehackter frischer Schnittlauch
Salz und frisch gemahlener schwarzer Pfeffer

250 g frischer Ziegenkäse oder Sahnefrischkäse, zimmerwarm
4 bis 6 EL Crème double

Pizzaboden ausrollen und nach Vorschrift auf der Packung backen. Mit Olivenöl bepinseln und beiseite stellen. Die Tomatenscheiben in eine flache Schüssel legen. Olivenöl, Knoblauch, Rosmarin, Majoran, 1 EL Schnittlauch, Salz und Pfeffer in einer kleinen Schüssel verrühren. Über die Tomaten gießen. Bei Zimmertemperatur mindestens 1 bis 2 Stunden ziehen lassen. Gelegentlich die Schüssel ein wenig schwenken, aber die Tomatenscheiben nicht in der Marinade wenden, da sie sonst zerbrechen. Käse mit einem Holzlöffel in einer Schüssel schaumig rühren. Wenn die Mischung zu fest erscheint, etwas Crème double hineinrühren, dann den restlichen Schnittlauch dazugeben. Die Käsemischung gleichmäßig auf dem vorgebackenen, abgekühlten Pizzateig verstreichen. Mit einem Schaumlöffel die Tomaten aus der Marinade heben und auf einem Teller abtropfen lassen. Teller kippen und Flüssigkeit ablaufen lassen. 1/4 der Marinade aufheben. Die Tomatenscheiben in einem hübschen Muster auf der Käseschicht arrangieren. Zugedeckt mindestens 2 Stunden in den Kühlschrank stellen. Gekühlt servieren. Kurz vor dem Servieren die Tomaten mit der restlichen Marinade bestreichen.

Für 6 Personen

Lammkeule mit Rosmarin-Senf-Glasur

Ein köstliches Hauptgericht für besondere Gelegenheiten. Reichen Sie Röstkartoffeln dazu und knackiges Frühlingsgemüse, z.B. Spargel oder Erbsen.

6 EL Dijonsenf
1 Knoblauchzehe, durchgepreßt
4 TL fein gehackte frische Rosmarinnadeln
1 ½ EL kaltgepreßtes Olivenöl
1 Lammkeule (etwa 2½ bis 3 kg)

Senf, Knoblauch und 3 TL Rosmarin mit einem kleinen Schneebesen in einer kleinen Schüssel mischen. Das Öl unter ständigem Rühren tropfenweise dazugeben, bis es integriert ist. Beiseite stellen.
Den äußeren Fettmantel der Lammkeule bis auf eine dünne Schicht über den Fasern abtrennen. Lamm trockentupfen. In einen Edelstahl- oder Emailletopf legen und gleichmäßig auf allen Seiten mit der Senfmischung bestreichen. Mit dem restlichen Rosmarin bestreuen. Zugedeckt mindestens 4 und bis zu 12 Stunden im Kühlschrank stehen lassen, damit der Geschmack in das Fleisch einziehen kann.
Den Backofen auf 175 Grad C vorheizen. Lammkeule in eine flache, ofenfeste Form legen und 3 Stunden braten, gegen Ende der Bratzeit wenn nötig abdecken.
Auf eine vorgewärmte Platte legen und ein paar Minuten ruhen lassen. Dann aufschneiden und servieren.

Für 5 bis 6 Personen

Italienische gebackene Bohnen mit Salbei und Bohnenkraut

Dieses Gericht ist sehr viel leichter als die traditionellen amerikanischen Baked Beans, die durch Zucker und Speck sowie eine lange Garzeit sehr unbekömmlich werden. Diese Variante schmeckt am besten mit Knoblauchbrot und einem Salat aus Radicchio.

1 ½ l heißes Wasser
500 g getrocknete kleine weiße Bohnen
1 große Zwiebel, fein gehackt
2 EL fruchtiges, kaltgepreßtes Olivenöl
5 frische Salbeiblätter
1 ½ TL fein gehacktes Bohnenkraut
1 große Knoblauchzehe, durchgepreßt
2 TL Dijonsenf
Salz und frisch gemahlener schwarzer Pfeffer
Paprikapulver

In einem Drei-Liter-Kochtopf das Wasser zum Kochen bringen. Die Bohnen hineingeben und zugedeckt bei mäßiger Hitze 1 bis 1 ½ Stunden leise köcheln, bis sie weich sind. (Falls erforderlich, zwischendurch Wasser zugeben, bis die Bohnen gut bedeckt sind.) Backofen auf 160 Grad C vorheizen. In einem kleinen Topf bei mäßiger Hitze Zwiebel im Olivenöl andünsten, bis sie glasig ist. Vom Herd nehmen und beiseite stellen.
Bohnen über einer Schüssel abgießen, Kochflüssigkeit aufheben. Bohnen in einer großen Schüssel mit der geschmorten Zwiebel, Salbei, Bohnenkraut, Knoblauch und Senf mischen.

Mit Salz und Pfeffer würzen. Bohnenmischung in eine Zwei-Liter-Backform geben. So viel von der Kochflüssigkeit dazugießen, daß sie 6 mm über den Bohnen steht. (Heißes Wasser zufügen, wenn es nicht reicht.) Mit Paprikapulver bestreuen.
Im Backofen 2 bis 3 Stunden backen, bis der größte Teil der Flüssigkeit absorbiert ist und die Oberfläche braun wird. Der Garpunkt ist erreicht, wenn die Bohnen feucht, aber nicht suppig sind und sich auf dem Boden der Backform noch etwas Flüssigkeit befindet.
Vor dem Servieren Salbeiblätter herausnehmen. Heiß oder lauwarm in Portionen servieren.

Für 4 bis 6 Personen

Gebratene Rebhühner mit Zitronenthymian und Oregano

Bei dieser einfachen und eleganten Art, Wildgeflügel zuzubereiten, werden Kräuter unter die Brusbthaut geschoben, damit der Geschmack sich mit dem Fleisch verbindet. Wir verwenden hier Zitronenthymian, obwohl sich Basilikum, Estragon oder Rosmarin ebenfalls gut eignen. Verwenden Sie nur die halbe Menge bei Rosmarin oder Estragon, da ihr Aroma stärker ist als das von Thymian oder Basilikum. Reichen Sie dazu Kartoffelpüree mit Kräutern (Rezept Seite 57).

4 junge Rebhühner
frisch gemahlener schwarzer Pfeffer
2 EL Butter, zerlassen, zusätzlich zerlassene Butter zum Begießen
8 TL fein gehackter frischer Zitronenthymian
1 TL abgeriebene Zitronenschale
1 TL getrockneter gerebelter Oregano
4 Knoblauchzehen, durchgepreßt
1 Zitrone, in dünnen Scheiben

Backofen auf 225 Grad C vorheizen. Das Geflügel schnell unter kaltem Wasser waschen und außen und innen mit Küchenkrepp trokkentupfen. Die Bauchhöhlen mit Pfeffer ausstreuen. Mit dem Zeigefinger vorsichtig die Haut über der Brust lösen und hineinfahren, damit eine Tasche entsteht, dabei aufpassen, daß die Haut nicht reißt.

In einer kleinen Schüssel die 2 EL zerlassene Butter, 4 TL Zitronenthymian, Zitronenschale, Oregano und die halbe Menge Knoblauch mischen, bis eine Paste entsteht. Mit den Finger je ¼ der Paste unter die Haut jedes Rebhuhns streichen.

Den restlichen Knoblauch und Zitronenthymian mischen und zusammen mit Zitronenscheiben in die Rebhühner geben. Öffnungen mit Spießchen schließen oder mit festem weißen Zwirn zunähen. Rebhühner auf einen Rost in eine flache Backform legen. Mit der zerlassenen Butter bestreichen.

Die Rebhühner 45 bis 60 Minuten bei 175 Grad C braten, bis sie goldbraun sind, dann aus dem Ofen nehmen, Spießchen oder Zwirn entfernen. Sofort servieren.

Für 4 Personen

Geschmortes Schweinefilet mit Kräutern der Provence

Das kräftige Aroma der provenzalischen Kräuter verleiht dem etwas faden Fleisch besonderes Aroma. Reichen Sie dazu gebackenen Fenchel und Couscous.

1 großes oder 2 kleine Schweinefilets (1 kg insgesamt)
Salz und frisch gemahlener schwarzer Pfeffer
2 EL kaltgepreßtes Olivenöl
2 große Zwiebeln, grob gehackt
1/4 l trockener Weißwein oder trockener Wermut
2 TL Provenzalische Kräutermischung (Rezept Seite 44)
1 EL Crème double
1 EL Butter

Schweinefilet leicht mit Salz und Pfeffer würzen. In einem großen Bräter 1 EL Olivenöl kräftig erhitzen. Schweinefilet hineingeben und etwa 10 Minuten auf beiden Seiten kräftig anbraten. Auf eine vorgewärmte Platte legen. Das restliche Öl in den Bräter gießen und bei mäßiger Hitze die Zwiebeln 2 bis 3 Minuten dünsten, bis sie weich werden. Schweinefilet wieder in den Topf geben. Wein dazugießen, Kräuter der Provence hineinstreuen und bei großer Hitze aufkochen. Hitze reduzieren und zugedeckt gut 45 Minuten schmoren, bis das Fleisch weich ist.

Filet auf eine vorgewärmte Platte legen und warm halten. Bei großer Hitze den Bratensaft ohne Deckel einkochen, bis der Wein um die Hälfte reduziert ist. Auf mäßige Hitze schalten, Crème double hineinrühren, 1 Minute kochen lassen. Butter hineinrühren und vom Herd nehmen.

Filet schräg in fingerdicke Scheiben schneiden und auf 4 vorgewärmte Teller geben. Die Sauce über das Fleisch gießen, sofort servieren.

Für 4 Personen

Lachs auf dem Salzbett mit Dill-Schalotten-Butter

Fisch oder Fleisch in der Salzkruste zu garen ist die klassische Art, deren Saftigkeit zu erhalten. In diesem ungewöhnlichen Rezept wird der Lachs auf einem Salzbett sanft und gleichmäßig gegart. Das Aroma der Dill-Schalotten-Butter durchdringt den Fisch, während er im eigenen Saft gart.

500 g grobes Steinsalz

Dill-Schalotten-Butter:
4 EL Butter, weich
2 EL fein gewürfelte Schalotten
1 EL fein gehackter Dill
Saft von ½ Zitrone, frisch gepreßt
Prise Cayenne-Pfeffer
Meersalz nach Geschmack

½ Lachsfilet, Endstück, mit Haut (gut 1 kg)
4 Zitronenachtel und einige Stengel frischer Dill oder Dillblüten zum Garnieren

Das Salz in einen großen gußeisernen Bräter geben und ohne Deckel bei mittlerer Hitze etwa 35 Minuten erhitzen, bis es sich heiß anfühlt.

Unterdessen die Dill-Schalotten-Butter zubereiten. Mit einem Holzlöffel Butter, Schalotten und Dill verkneten. Zitronensaft, Cayenne und eine Prise Meersalz hineinrühren.

Mit einem scharfen Messer den Lachs auf der Hautseite leicht einritzen. Das Filetstück quer in vier gleiche Teile schneiden. Fleischseite mit Küchenkrepp trockentupfen, dann mit der Kräuterbutter bestreichen. Die Filetstücke mit der Haut nach unten auf das Salzbett legen und den Bräter mit einem festschließendem Deckel verschließen. Wenn der Bräter eine Gießtülle hat, diese mit Alufolie fest verschließen. Den Lachs bei mittlerer bis großer Hitze 30 bis 40 Minuten garen, bis das Fleisch milchig aussieht und relativ fest ist.

Deckel abnehmen und die Lachsstücke vorsichtig mit einem Bratenwender herausheben und auf vorgewärmte Teller geben.

Jede Portion mit einem Zitronenachtel und Dillstengeln oder -blüten garnieren. Heiß servieren.

Für 4 Personen

Riesengarnelen mit Koriander-Petersilien-Sauce

Diese würzig-scharfen Garnelen werden am schönsten auf einem Bett bunter Salate serviert, etwa rotem und grünem Eichblattsalat, Lollo Rosso, Frisee und Römersalat – den mexikanischen Staatsfarben.

Koriander-Petersilien-Sauce:
3 EL fein gehacktes frisches Koriandergrün
1 EL fein gehackte, frische glatte Petersilie
1 Knoblauchzehe, durchgepreßt
1 EL grüne Teile der Frühlingszwiebel, dünn geschnitten
1 frische Chilischote, Kerne entfernt, fein gehackt
1/2 TL Salz
4 EL Erdnußöl

2 EL Butter
2 EL Erdnußöl
1 kg rohe Riesengarnelen, etwa 48 Stück, geschält
3 EL frisch gepreßter Zitronensaft
Salz und frisch gemahlener schwarzer Pfeffer

Für die Sauce alle Zutaten in einer mittelgroßen Schüssel gut verrühren. Beiseite stellen.
In einer großen Bratpfanne Butter und Erdnußöl bei mittlerer Hitze zerlassen. Wenn sich keine Blasen mehr bilden, Garnelen dazugeben und unter Wenden braten, bis sie anfangen, sich rosa zu färben. Zitronensaft, Salz und Pfeffer dazugeben. 3 bis 4 Minuten weitergaren, bis sie opak sind. Die Koriander-Petersilien-Sauce dazugeben und die Garnelen rasch darin wenden, bis sie gut überzogen sind.
Auf 4 vorgewärmte Teller geben. Heiß servieren.

Für 4 Personen

Krebse im Gewürz-Kräutersud

Dieser Sud ist eine wundervolle Möglichkeit, Krebse, Langusten, Garnelen oder andere Schalentiere raffiniert zuzubereiten. Das Rezept stammt aus Louisiana.

Gewürz-Kräutersud:
2 TL Basilikum, getrocknet
1 TL Majoran, getrocknet
1 TL Thymian, getrocknet
1/2 TL Schnittlauch, in feine Röllchen geschnitten
3 Lorbeerblätter, grob gehackt
1 getrocknete Chilischote, grob gehackt
4 EL Korianderkörner
4 EL Senfkörner
2 EL Piment, gemahlen
2 EL Selleriesaat
2 EL Dillsaat
1 EL Nelkenpulver

8 Liter Wasser
2 EL Salz
2 Zitronen, in Scheiben
2 Selleriestangen, in Scheiben, die kleinen, grünen Herzen mit Blättern
1 Zwiebel, in Scheiben
ca. 2 kg Taschenkrebse, Flußkrebse oder andere Krustentiere

Für den Sud alle Zutaten in eine große Schüssel geben. Die Kräuter mit den Fingerspitzen vorsichtig zerkrümeln und gut mit den anderen Zutaten mischen. Die Mischung auf ein doppelt gefaltetes Mulltuch geben und zu einem Säckchen zusammenbinden.
In einem sehr großen Topf Wasser, Salz, Zitronen, Sellerie, Zwiebel und Mullsäckchen zum Kochen bringen. Hitze herunterschalten

und bei mittlerer Hitze 20 Minuten ziehen lassen.
Deckel abnehmen und auf höchster Temperaturstufe aufbrodeln lassen. Krebse hineingeben und 10 bis 15 Minuten sprudelnd kochen, bis die Schalen sich rot verfärben. Hitze abschalten und Krebse 10 Minuten im Wasser stehen lassen.

Krebse mit der Zange herausnehmen, Kochsud weggießen. Wenn die Krebse so weit abgekühlt sind, daß man sie anfassen kann, knacken und auf einer großen Platte anrichten. Heiß oder kalt servieren.

Für 4 bis 6 Personen

Pochierte Jakobsmuscheln mit Champignons und Thymian

Das süßliche Fleisch der Jakobsmuscheln geht mit dem würzigen Aroma des Thymians eine harmonische Verbindung ein. Servieren Sie denselben Wein zum Essen, den Sie zum Kochen verwendet haben.

500 g Champignons
2 EL Butter, gesalzen
6 Schalotten, fein gewürfelt
2 kleine Möhren, in feine Streifen geschnitten
1 EL und zusätzlich 2 TL fein gehackter frischer Thymian
Salz und frisch gemahlener schwarzer Pfeffer
¼ l Sauvignon Blanc (ersatzweise anderer trockener Weißwein)
1 kg Jakobsmuscheln, aus der Schale gelöst
1 EL fein gehackte krause Petersilie

Den Backofen auf 75 Grad C vorheizen.
Pilze waschen, putzen und blättrig schneiden. Butter bei großer Hitze in einem großen Topf auslassen. Pilze, Schalotten, Möhren, 1 EL Thymian, Salz und Pfeffer dazugeben und gut umrühren. Zugedeckt bei mäßiger Hitze 10 Minuten schmoren oder bis die Möhren weich sind. Wein dazugießen und aufkochen. Hitze herunterschalten und zugedeckt 2 Minuten ziehen lassen. Deckel abnehmen, Muscheln hineingeben und umrühren. Temperatur hochschalten, den Topf zudecken und die Muscheln gut 5 Minuten kochen, bis sie opak aussehen und auf Druck elastisch nachgeben. Nicht zu weich kochen.
Mit einem Schaumlöffel Muscheln, Karotten, Pilze und Schalotten auf eine vorgewärmte Platte geben. Mit den restlichen 2 TL Thymian bestreuen und rasch vermengen. In den warmen Backofen bei offener Tür stellen und warm halten.
Bei größter Hitze den Sud auf ein Drittel reduzieren. Über die Muscheln gießen und mit der Petersilie bestreuen. Sofort servieren.

Für 4 Personen

GETRÄNKE

Von je her wurden Getränke mit Kräutern gewürzt: Heißer Punsch ist dafür ebenso ein Beispiel wie Kräutertees aller Art.
In Frankreich hat sich eine besondere Kultur der Kräutertees entwickelt. Man gilt hier nicht, wie bei uns, als wehleidiger Hypochonder, wenn man nach dem Essen statt des Kaffees einen Tee von Kamille (Camomille) oder Eisenkraut (Verveine) bestellt. Beide wirken verdauungsfördernd und beruhigend.
In Amerika setzte man früher stark alkoholische Getränke mit Minze an, um den fuseligen Geschmack zu mindern. Heute würzt man Eistee mit frischer Minze und ein wenig Erdbeerpüree und hat ein Erfrischungsgetränk für die ganze Familie.
In allen Ländern kennt man mit Kräutern versetzte Schnäpse – ob es der gewürzte Wodka der Russen ist oder der Aufgesetzte der Norddeutschen. Mit einem Kräuterbeet im Garten sind all diese Mischungen schnell hergestellt. Auch ein eleganter Aperitif auf Champagner-Basis wird mit einem Schuß selbstgemachtem Kräuterlikör zu einer Spezialität des Hauses.

Pfefferminz-Mimosa

Als Mimosa bezeichnet man im Amerikanischen einen erfrischenden Drink mit Champagner und Orangensaft – das schönste Erfrischungsgetränk für einen heißen Sommertag.

6 EL fein gehackte frische Pfefferminzblätter und einige frische Stengel zum Garnieren
50 g Kristallzucker
1/8 l frisch gepreßter Orangensaft, durchgesiebt
3 Flaschen Champagner oder trockener Sekt, gekühlt

Pfefferminzblätter und Zucker in eine kleine Schüssel geben. Mit einem Holzlöffel die Blätter zerdrücken, bis eine Paste entsteht. Orangensaft dazugießen und gut umrühren. Mischung durch ein Haarsieb in eine Schüssel streichen.
2 EL des durchgesiebten Saftes in je einen von 8 Champagnerkelchen geben. Langsam mit Champagner auffüllen. Jedes Glas mit einen Pfefferminzstengel garnieren und sofort reichen.

Für 8 Personen

Wodka mit Estragon

Mit Kräutern versetzte Wodkas sind in Rußland recht beliebt und heißen »kleine Sonnenscheinchen«. Eiskalt in fingerhutgroßen Likörgläsern serviert, sind sie eine elegante und einzigartige Ergänzung zu Räucherlachs, geräucherter Forelle oder Kaviar. Der Estragon verleiht dem Wodka einen Hauch von Anisaroma. Auch Minze, Pfefferminze oder Lavendel eignen sich als Geschmacksverstärker.

Zwei 10 cm lange Stengel frischen Estragon
1 Flasche Wodka

Estragon waschen und gründlich mit Küchenkrepp trockentupfen. Stengel in den Wodka geben. Flasche verschließen und bei Zimmertemperatur 24 Stunden stehen lassen. Probieren Sie, ob der Wodka schon genügend Geschmack angenommen hat, anderenfalls lassen Sie ihn weitere 24 Stunden ziehen bzw. bis er Ihrem Geschmack entspricht.
Estragonstengel herausnehmen und wegwerfen. Flasche im Gefrierfach lagern. Der Wodka wird nicht gefrieren, aber er wird dickflüssiger und bekommt damit die richtige Konsistenz zum Servieren. In Likörgläsern servieren.

Für 12 Personen

Kräutertees

Nach der Boston Tea Party im Jahre 1773, bei der die Amerikaner die englischen Teeschiffe im Hafen von Boston stürmten, schwamm der ganze schwarze Tee im Hafenwasser und die Einwanderer mußten auf Kräutertees zurückgreifen. Sie nannten sie folgerichtig »Freiheitstees« und kochten sie aus Lavendel, Rosmarin, Thymian, Salbei, Minze und Zitronenmelisse. Da Kräutertees – in Frankreich *tisane* oder *infusion* genannt – nicht dunkler werden, je länger sie ziehen, muß man den richtigen Zeitpunkt zum Abgießen erschmecken. Für die Zubereitung rechnen Sie 1 EL frische oder 1 TL getrocknete Kräuter pro Tasse kochendes Wasser. Spülen Sie die Kanne mit heißem Wasser aus, bevor Sie den Tee brühen. Lassen Sie den Tee 3 bis 5 Minuten ziehen, und gießen Sie ihn durch ein Sieb, bevor Sie ihn servieren.

Das feine Aroma von Kräutertees kann durch etwas Zitronen-, Orangen-, Erdbeer- oder anderen Saft oder eine Scheibe Zitrone noch unterstrichen werden. Man süßt die Tees nach Belieben mit braunem Kandiszucker oder Honig. Aus zwei oder mehr Kräutertees lassen sich – je nach persönlichem Geschmack – interessante Mischungen zusammenstellen. Man kann sie auch mit Cognac, Gin oder Likör versetzen. Gewürze wie Koriander, Ingwer, Kümmel, Fenchel, Zimt, Kardamom oder Vanille können an heiße wie kalte Tees gemischt werden.

Kamillen-Tee

Der milde Kamillentee bekommt eine Spur Frische und Säure, wenn man einen in Scheiben geschnittenen Apfel mitziehen läßt.

2 EL frische Kamillenblüten
1/2 l kochendes Wasser
2 dünne Apfelscheiben
Honig oder brauner Kandiszucker (nach Belieben)
2 dünne halbmondförmige Apfelscheiben zum Garnieren

Kamillenblüten unter kaltem Wasser waschen. Kleinen Keramikteetopf mit heißem Wasser ausspülen. Die dünnen Apfelscheiben in den Topf legen und mit einem Holzstößel zerdrücken.

Kamillenblüten dazugeben und alles mit kochendem Wasser übergießen. Zugedeckt 3 bis 5 Minuten ziehen lassen bzw. bis der Geschmack zusagt.

Durch ein Teesieb in 2 vorgewärmte Tassen gießen. Nach Geschmack mit Honig oder Kandis süßen und den Unterteller mit einer Apfelscheibe garnieren.

Für 2 Personen

Von links nach rechts: Geeister Pfefferminz-Tee mit Erdbeerpüree und Französische Lavendel-Limonade (Rezept Seite 90), daneben eine bunte Palette mit Kräuter-Blüten-Canapés (Rezept Seite 31)

Geeister Pfefferminz-Tee mit Erdbeerpüree

Damit der geeiste Tee durch die Eiswürfel nicht verdünnt wird, bereiten Sie aus 2 Extra-Tassen Pfefferminztee einfach Eiswürfel, die Sie dann in den Tee geben. So bleibt der Geschmack kräftig.

Zucker-Sirup:
200 g Zucker
¼ l Wasser
Schale von 1 Orange, in Streifen geschnitten

1 l Wasser
¼ Tasse getrocknete Pfefferminze oder ¾ Tasse frische Minze
1 Tasse Erdbeeren, halbiert
¼ l frisch gepreßter Orangensaft, durchgesiebt
Eiswürfel (aus Pfefferminztee)
frische Minzeblätter und Erdbeerscheiben zum Garnieren

Für den Sirup Zucker, Wasser und Orangenschale in einen Topf geben. Zum Kochen bringen und rühren, bis der Zucker sich auflöst. Vom Herd nehmen und abkühlen lassen. Sirup durch ein Haarsieb in eine Schüssel streichen, dabei die Orangenschale mit dem Löffelrücken ausdrücken, um möglichst viel von den ätherischen Ölen herauszupressen. Schale wegwerfen und Sirup beiseite stellen.

Wasser in einem mittelgroßen Topf zum Kochen bringen und vom Herd nehmen. Minzeblätter zerdrücken und in das Wasser streuen, 5 Minuten ziehen lassen. Durch ein Haarsieb in eine Schüssel gießen. Minzeblätter wegwerfen, Tee abkühlen lassen.

Unterdessen die Erdbeeren mit einem Holzlöffel durch ein Haarsieb in eine Schüssel streichen, dabei mit einem Gummispatel Püree von außen am Sieb abstreifen. Püree zu dem erkalteten Tee geben.

Mit Orangensaft und ½ Tasse Zuckersirup aufgießen und gut umrühren. Abschmecken und gegebenenfalls mehr Zuckersirup dazugeben. (Falls etwas übrigbleibt, stellen Sie den Zuckersirup in den Kühlschrank für weitere Teezubereitungen.) Tee zugedeckt in den Kühlschrank stellen und gut kühlen.

Zum Servieren einen großen Krug mit Eiswürfeln füllen, den Tee darübergießen. In gekühlte Gläser eingießen. Mit einem Stengel Minze und einer Erdbeerscheibe garnieren.

Für 6 Personen

Französische Lavendel-Limonade

Diese erfrischende, rosig angehauchte Limonade ist mit einem Hauch von Lavendel parfümiert.

Lavendel-Tee:
5/8 l Wasser
300 g Zucker
1/4 Tasse frische Lavendelblätter, grob gehackt

1/2 l Wasser
1/8 l frisch gepreßter Zitronensaft, durchgesiebt
Zucker nach Belieben
Eiswürfel
6 bis 8 Stengel frischer Lavendel zum Garnieren

Für den Lavendel-Tee Wasser und Zucker in einem Topf zum Kochen bringen, umrühren, bis der Zucker sich aufgelöst hat. Lavendel dazugeben und vom Herd nehmen. Tee zugedeckt bei Zimmertemperatur abkühlen lassen. Durch ein Sieb gießen und Lavendel wegwerfen.

Tee in einen Glaskrug gießen, mit Wasser und Zitronensaft auffüllen. Gut umrühren, mehr Zucker dazugeben, falls erwünscht. Im Kühlschrank gut kühlen. Kurz vor dem Servieren die Limonade noch einmal umrühren und Eiswürfel in den Krug geben. In gekühlte Gläser gießen und jedes Glas mit einem Stengel Lavendel garnieren.

Für 6 bis 8 Personen

REGISTER

DANKSAGUNGEN

Mein vielfältiger Dank für Ideen zu Rezepten und ausdauerndes Probieren geht an Gudi Riter, Julie Creasy, Dayna Lane, Jody Main, Helen Chan und Robert Creasy. Dank auch an Carole Saville, »Kräuterhexe« und sicherlich die einflußreichste Person bei meinem Kräuter-Abenteuer. – Rosalind Creasy

Mein Dank geht an drei Männer mit ausgezeichneten Geschmacksnerven: meine Söhne, Charly und Jason, und meinen Mann Brent. Sie haben die Gerichte voller Neugier und Begeisterung verschlungen und qualifizierte Meinungen und Vorschläge geäußert, die ich dankbar angenommen habe, da ich ihren Geschmack achte. Mein Dank gilt ferner der Autorin Rosalind Creasy, weil es nicht nur eine Freude ist, mit ihr zu arbeiten, sondern auch, mit ihr befreundet zu sein. Und an die talentierte Lektorin Meesha Halm, dafür, daß sie das Paket so schön geschnürt hat. – Carole Saville

Collins und das Fotografenteam danken Terry Greene, Foto-Assistent; Cachet Bean, Foto-Produktion; Patricia Brill und Rhonda Hildebrand, Food-Styling-Assistenten; Kristen Wurz, Design-und-Produktions-Koordinatorin; Jonathan Mills, Produktionsleitung; und Assumpta Curry, Produktion. Außerdem Ray Giacopazzi von Hillcrest Gardens in Petaluna; Susan Hastings; Hans Neheme; Delmy Rivera; Ed Haverty und Michael Schwab für ihre Requisiten. Spezieller Dank geht an Thomas Keller von der French Laundry in Yountville, Californien.